किताबें झाँकती हैं...

किताबें झाँकती हैं...

डॉ. संध्या गंगराड़े

GenNext Publication

किताबें झाँकती हैं...

ISBN: 978-93-5324-959-5

"An Imprint of Kalpaz Publication"

भारत में सन् 2022 में प्रकाशित

जेन्नेकस्ट पब्लिकेशन

5, अंसारी रोड, दरियागंज,

नई दिल्ली-110002

ई-मेल: gennextpublication@hotmail.com

Phone : 011-47034999, 9811692060

मुद्रित: ज्ञान प्रेस, दिल्ली

अनुक्रमणिका

ज्ञान के संचित कोष, पुस्तकों और उनके सर्जकों
को जिन्होंने उदारता पूर्वक अपना ज्ञान और
अपनी संवेदना का आगार खोल दिया.....

भूमिका

गुलजार साहब की 'किताबे झाँकती हैं....' से ठीक उलट किताबें झाँकती हैं......... मेरी ज़िन्दगी में। किताबें मन की परतें खोलती हैं, ज्ञान देती हैं, दुनिया को देखने की दृष्टि देती हैं, हताशा में, निराशा में, अकेलेपन में संबल देती हैं, जीवन को दिशा देती हैं। अध्ययन अध्यापन के दौरान तो पुस्तकों से मेरी निकटता बनी ही रही; आज भी पुस्तकें मेरी सबसे अच्छी मित्र हैं। अब तक पढ़े का शतांश भी लौटा नहीं पायी हूँ। इन आलेखों के माध्यम से उसी पढ़े को लौटाने का एक प्रयास है। पिता परम श्रद्धेय (स्व.) डॉ. रमेशचन्द्र गंगराड़े जैसे हिन्दी के प्राध्यापक, अध्ययनशील, मननशील, चिन्तक और साहित्यकार के सानिध्य में पुस्तकों के प्रति अनुराग सहज ही होता चला गया। कहानी, उपन्यास, कविता पढ़ते हुए उन पर टिप्पणी करते–करते ये आलेख सृजित होते चले गये। इस पुस्तक के माध्यम से पठित पुस्तकों से ऋण मुक्ति का प्रयास भी है। यद्यपि ऋण मुक्ति संभव नहीं है तथापि ऋण की प्रथम किस्त है यह पुस्तक 'किताबें झांकती हैं.....'

धन्यवाद!

डॉ. संध्या गंगराड़े

साहित्य अकादमी
मध्यप्रदेश संस्कृति परिषद्, भोपाल
संस्कृति भवन, बाणगंगा चौराहा, भोपाल
फोन 0755-2557942
email : sahityaacademy.bhopal@gmail.com

पाठकों की उत्प्रेरक कृति 'किताबें झाँकती हैं....'

डॉ. संध्या गंगराड़े जी की शीघ्र प्रकाशित समालोचना साहित्य की नवीन कृति 'किताबें झाँकती हैं...' की पांडुलिपि मेरे हाथों में है। इन दिनों हिंदी साहित्य की विभिन्न विधाओं पर केंद्रित अनेक पुस्तकें हाथों से होकर गुजर रही हैं किंतु इस पुस्तक के शीर्षक ने प्रथम दृष्टया आकर्षित किया है। लेखिका डॉ. संध्या गंगराड़े जी की भूमिका पढ़ने पर यह तो ध्यान में आता है कि उनका यह शीर्षक गुलजार साहब की 'किताबें झाँकती हैं' से प्रेरित भी है किंतु भिन्नार्थी भी है। यह बहुत अच्छी बात है कि लेखिका इस पुस्तक को ऋण से उऋण होने की प्रक्रिया मानती हैं। उन्होंने अब तक जितना साहित्य पढ़ा उस साहित्य को पढ़कर उस पर अपनी समीक्षात्मक टिप्पणी देते हुए उन्होंने पाठक वर्ग को अनेक पुस्तकें पढ़ने के लिए प्रेरित किया है। वास्तव में समीक्षाएं पाठक को पुस्तक पढ़ने के लिए मानसिक रूप से तैयार करती हैं। यही कारण है कि हिंदी साहित्य में समालोचना को अत्यंत सम्मानजनक स्थान प्राप्त है।

संध्या जी ने 'तमसो मा ज्योतिर्गमय' पर केंद्रित एक समीक्षा आलेख से प्रारंभ कर 'अंधेरे में', 'मीठो पाणी खारो पाणी', 'फागुन के दिन चार', 'नई कविता में उत्तररामचरित', 'अंधा युग', 'आवारा मसीहा', 'सफेद पर्दे पर', 'सैरेन्ध्री', 'शेखर एक जीवनी' जैसी अनेक पुस्तकों पर अपनी लेखनी चलाई है।

इतना ही नहीं उन्होंने अनेक वरिष्ठ रचनाकारों की एकल रचनाओं पर भी अपनी समीक्षात्मक टिप्पणी देते हुए आलेख रचे हैं। इसी क्रम में उनके विषय परक अनेक आलोचना निबंध विशेष रूप से पठनीय बन पड़े हैं। शब्दों का जादूगर शैलेंद्र, संपर्क भाषा हिंदी और मीडिया, निमाड़ की संत परंपरा और संत सिंगाजी, उदय प्रकाश की इतिहास दृष्टि, आदिवासी अस्मिता और इधर का उपन्यास साहित्य, सांस्कृतिक संकट में आश्वस्ति की कविता और साथ ही निराला जी की राम की शक्ति पूजा और शारदीया नवरात्रि तथा भिक्षुक और तोड़ती पत्थर जैसी रचनाओं पर केंद्रित लेखिका की टिप्पणियाँ अद्‌भुत बन पड़ी हैं।

यह पुस्तक शौकिया पाठक वर्ग को अपने निजी वाचनालय में बीसियों नई पुस्तक क्रय करने की जिज्ञासा जगाने में सक्षम सिद्ध होगी। संध्या जी की समालोचना पर अच्छी पकड़ है। प्राध्यापक रहते हुए एक लंबे समय से वे राष्ट्रीय अंतर्राष्ट्रीय संगोष्ठियों का हिस्सा बनती रही हैं। सेवानिवृत्ति के बाद भी उनकी साहित्य जगत में सक्रियता प्रभावित करती है। मैं उनके इस नवीन समालोचना निबंध संग्रह हेतु हृदय से शुभकामनाएं व्यक्त करता हूं। साथ ही ईश्वर से संध्याजी के स्वस्थ्य सुदीर्घ जीवन की कामना करता हूँ।

सदैव सा

डॉ विकास दवे

निदेशक, साहित्य अकादमी,

म.प्र. शासन, भोपाल

1

राष्ट्रीयता का स्वरूप : तमसो मा ज्योतिर्गमय

(कविता के संदर्भ में)

हिन्दी साहित्य का इतिहास दो आंदोलनों से आंदोलित, प्रभावित, परिपुष्ट, सर्जित और उत्प्रेरित है, भक्ति आंदोलन दक्षिण से उपजता है और राष्ट्रीय आंदोलन उत्तर भारत (1857 मेरठ–हिन्दी क्षेत्र) से, दोनों ही आंदोलन आत्म गौरव, आत्माभिमान, आत्म–विश्वास और आत्म– पहचान के आंदोलन हैं। इस्लामी आक्रमणकारियों के समक्ष अपनी पहचान भक्ति आंदोलन के माध्यम से है। जबकि 'उर के आसन पर शिरस्त्राण, शासन करते है मुसलमान' ।[1] मध्यकाल मुसलमानों से स्वयं की रक्षा का काल है तो आधुनिक काल अंग्रेजी सत्ता से स्वतन्त्रता की पहली लड़ाई (1857) की विफलता के बाद राष्ट्रीय आंदोलन जनजागरण के रूप में आता है। हालांकि यह जनजागरण बहुत पहले 1828 में बंगाल में राजा राममोहन राय द्वारा ब्रह्म समाज की स्थापना से हो चुका था, परन्तु यातायात के साधनों–प्रेस एवं जनमत, विभिन्न सामाजिक सुधारों, समाजों की स्थापना (प्रार्थना समाज, आर्य समाज, रामकृष्ण मिशन, थियॉसाफिकल सोसायटी) से जनजागरण को गति मिली थी।

भारत के संदर्भ में राष्ट्र शब्द नया नहीं है परन्तु भारत में राष्ट्रीयता आधुनिक युग की देन है।[2] राष्ट्र शब्द का प्रयोग विभिन्न संदर्भों में यजुर्वेद, अथर्ववेद, ब्राहमण आदि ग्रंथो में मिलता है। राष्ट्रीयता का जन्म यूरोप में हुआ परन्तु इसने आधुनिक काल में भारतीयों को भी प्रभावित किया यूरोप में जन्मी विचारधारा ने धीरे–धीरे भारत के विचारशील लोगों को भी प्रभावित करना शुरु किया। राष्ट्रीयता भारत के लिए सर्वथा नवीन विश्वास थी। राष्ट्रीयता का अर्थ यह कि प्रत्येक व्यक्ति राष्ट्र अंश है और इस राष्ट्र की सेवा के लिए, इसको धन–धान्य से सम्पन्न बनाने के लिए प्रत्येक व्यक्ति को सब प्रकार के कष्ट स्वीकार करने चाहिए।[3] जिस प्रकार राष्ट्रीयता भारत में आधुनिक युग की देन है उसी प्रकार 'काव्य में राष्ट्रीय भावना आधुनिक युग की देन है' ।[4]

काव्य में, साहित्य में, राष्ट्रीय भावना, स्वतन्त्रता आंदोलन की उत्प्रेरणाओं के कारण आई। 'वसुधैव कुटुम्बकम' की भावना के कारण 'सर्वे भवन्तु सुखिनः' की कामना के कारण, मानव मात्र के प्रति प्रेम और करुणा के कारण, किसी एक भूमि को राष्ट्र मानना प्राचीन परम्परा नहीं थी परन्तु आधुनिक काल में साहित्य में राष्ट्रीयता, राष्ट्रीय चेतना का स्वरूप प्रगट होता है। "भारत में आधुनिक युग जैसी राष्ट्रीय भावना कभी थी नही। जन्मभूमि अथवा मातृभूमि नाम की वस्तु तो थी अवश्य, परन्तु हम अपने गाँव को ही जन्मभूमि मानते थे। भारतवासी तो केवल दो ही बातें समझते थे– व्यक्ति और मानव। समाज नाम की एक और वस्तु हमारे यहाँ थी, परन्तु वह राष्ट्र अथवा जन्मभूमि से बहुत दूर थी। इसलिए भारत में राष्ट्रीय साहित्य का नितांत अभाव था।"[5]

भारत में राष्ट्रीय चेतना अंग्रेजी सत्ता के विरोध–स्वरूप जाग्रत एवं विकसित हुई। 1857 के स्वतन्त्रता–संग्राम की पराजय, अंग्रेजों के दमन और अत्याचारों ने इस राष्ट्रीय चेतना को धीरे–धीरे विकास

दिया। भारत में राष्ट्रीय चेतना के विकास का इतिहास भारतीयों के स्वराज्य प्राप्ति के लिए शासकों से संघर्ष का इतिहास है और प्रायः राष्ट्रवाद के उदय एवं विकास की प्रक्रिया भी यही है।[6] भारतीय राष्ट्रीयता भारतीय संस्कृति से अनुरंजित एवं अनुप्राणित है।[7] भारतीय राष्ट्रीयता में भारतीय संस्कृति से जुड़ाव, होने के कारण संकीर्णता या कट्टरता नहीं, यह सहृदय और उदार है। इसी कारण इसकी स्वतंत्रता भी हिंसक नहीं है। किसी भी देश का राष्ट्रीय आंदोलन और उसकी प्रेरणा शक्ति राष्ट्रीयता इतनी पवित्र, आत्मोत्थान में इतनी सहायक इतनी रचनात्मक एवं सुधारात्मक, तमस से इतनी मुक्त, समझौता–सहयोग–सद्भावना से इतनी युक्त एक मात्र जागरण एवं उत्थान की भावनाओं से परिपूर्ण, अकलुषित एवं अमलीन नहीं जितनी भारत की। यही कारण है कि राष्ट्रीयता की भावना से प्रेरित हमारा आधुनिक हिन्दी साहित्य भी सात्विकता प्रधान है।[8] आध्यामिकता, नैतिक मूल्य, भारतभूमि के प्रति अनुराग, मानवता, सत्य, अहिंसा, रामराज्य की कल्पना, सात्विकता, त्याग, परोपकार, 'तमसो मा ज्योतिर्गमय', 'सबैभूमि गोपाल की' – ये ही वे तत्व हैं जो एहसास कराते हैं कि 'कुछ बात है कि हस्ती मिटती नहीं हमारी'।

आधुनिक कालीन स्वाधीनता आंदोलन के बरक्स 1857 से 1947 तक की काव्य यात्रा में राष्ट्रीयता के विभिन्न रूप हैं, हो सकते है परन्तु मुझे जो सबसे अधिक प्रभावित करता है वह है जागरण–गीत। अंधकार दासता का, गुलामी का, अंग्रेजों के अत्याचार का, देश के धन का, विदेश जाने का। चारों ओर अंधेरा छा गया है। भारत जो विश्वगुरु था उसकी दुर्दशा हो गयी है। 1880 में 'भारत–दुर्दशा' में भारतेन्दु ने भारत का जो वर्णन किया वह दुःखपूर्ण है तभी कहते हैं –

रोवहु सब मिलि के आवहु भारत भाई।
हा हा। भारत दुर्दशा न देखी जाई।[9]

जो धन में, बुद्धि में बल में श्रेष्ठ था वहाँ
'छाई अब आलस कुमति कलह अंधियारी।।'[10]

अंधियारी' छा गई है, इसीलिए 'अंधेर नगरी' ही अब इस देश का प्रतीक मात्र है, जहाँ 'अंधाधुंध मच्यो सब देसा। मानहुँ राजा रहत बिदेसा।'[11]

भारतेन्दुजी की दोनों रचनाएँ 'भारत–दुर्दशा' (1880) और 'अंधेर नगरी' (1881) तत्कालीन अंधेरे और अंधेर को पूरी ताकत से जनता के सामने रखती है। अंधकार का एहसास ही जागरण का प्रथम प्रयास है। जब तक दुरावस्था का ज्ञान नहीं होगा उससे निकलने का प्रयास नहीं किया जा सकेगा। तो यह अंधकारपूर्ण समय है, देखिए, कैसा परिवर्तन आता है द्विवेदी युगीन काव्य में – यहाँ जागरण गीतों का बाहुल्य है। जब नेता जनजागरण के लिए सभाएं कर रहे थे, प्रभात फेरियाँ निकाल रहे थे तब कवि भी पीछे नहीं था। वह कहता है 'उठो, उठो, क्यों शिथिल पड़े हो। देखो सुदिन सवेरा है।' 'सुदिन' दूर नहीं है परन्तु उसके लिए त्याग की आवश्यकता है। कवि कहता है–

जगो जागो बंधुगण, आलस सकल विहाय।
देश हेतु अर्पण करो मन वाणी और काय[13]

नर–नारी दोनों का ही आह्वान करते हैं–

अब उठो हिन्द के नर नारी
अब वीर बनो अति धीर बनो, रणधीर बनो,
फिर दूर करो सब अंधियारी।[14]

अब कवि संपूर्ण भारत को ही जाग्रत करना चाहता है –

भारत चेतहु नींद निवारौ।
बीती निशा उदित भये दिना मानि कब कौ भयौ सकारौ।
गहरी नींद परे मत सोवहु, बात हमारी मानहु।
'सोय खोय जागत पावत, जग कहन सत्य अनमानहु।[15]

भारत–भारती' में मैथिलीशरण गुप्त भी आर्य संतानों को आलस्य त्याग के लिए कहते हैं–

हे भाइयो, सोये बहुत अब तो उठो जागो अहो।
देखो जरा अपनी दशा आलस्य को त्यागो अहो।[16]

देशवासियों को वे आर्य संतान संबोधित करते हैं क्योंकि यही इनका वास्तविक परिचय है– हे आर्य संतानो, उठो, अवसर निकल जावे नहीं।[17]

जागरण तो हुआ, जनता जाग उठी परन्तु अंग्रेजों ने अंधेरा और बढ़ाया। सजग जन आंदोलन का दमन किया गया, जलियाँ वाला बाग को जनरल ओ डायर ने खून से रंग दिया साम्प्रदायिकता का विष–वमन किया गया, प्रथम विश्वयुद्ध में वादा–खिलाफी की गई, नेताओं को जेलों में डाल दिया, किन्तु जेल में भी वह वसंत–दुति कोयल को संबोधित कर कह उठता है–

अंधकार को बेध–सी रही क्यों हो।
कोकिल बोलो तो।
चुपचाप मधुर विद्रोह बीज
इस भाँति बो रही क्यों हो।
कोकिल बोलो तो।[18]

अब काव्य की एक ऐसी धारा थी जिसमें कवि स्वयं स्वतंत्रता आंदोलन में कूद पड़े थे। माखनलाल चतुर्वेदी, बालकृष्ण शर्मा 'नवीन', राम नरेश त्रिपाठी, सुभद्रा कुमारी चौहान ने काव्य में तो राष्ट्र प्रेम मुखरित किया ही स्वतंत्रता आंदोलन में सक्रिय रूप से भाग भी लिया। दूसरी ओर छायावादी काव्य जिसमें राष्ट्र जागरण से अधिक समग्र चेतना का जागरण और आह्वान है।[19]

द्विवेदी युगीन कवि और काव्य जगाता है एक सचेतक की तरह, उपदेशक की तरह, सुधारक की तरह, यह उस समय की आवश्यकता

भी थी। राष्ट्रीय जागरण द्विवेदी युग का प्रमुख स्वर है परन्तु यहाँ (छायावाद में) राष्ट्रीय से अधिक संपूर्ण सांस्कृतिक जागरण प्रधान है, राष्ट्रीय जागरण वस्तुतः सांस्कृतिक जागरण के अंग रूप में आता है, जो पुनर्जागरण की मूल प्रक्रिया के अनुरूप है।[20] अब दृष्टि सूक्ष्म हो गई है, अब कवि सीधे–सीधे जागरण की बात न कहकर प्रतीकों के माध्यम से अपनी बात कह रहा है। अब अभिधात्मकता एवं इतिवृत्तात्मकता के स्थान पर सांकेतिकता आ गई है। 'तुलसीदास' मध्ययुगीन संदर्भ की रचना है परन्तु सांस्कृतिक सूर्य के अस्त होने की चिन्ता जितनी तब थी उतनी ही अब है–

> भारत के नभ का प्रभापूर्य
> शीतलच्छाय सांस्कृतिक सूर्य
> अस्तमित आज रे – तमस्तुर्य दिग् मण्डल;[21]

आज तम से भारत का नभ आच्छादित है। (मध्यकालीन तम से आज का तम कम नहीं है, इस अंधकार को मिटाना होगा। पुनर्जागरण करना होगा।

> जागो फिर एक बार
> प्यारे जगाते हुए हारे सब तारे तुम्हें
> अरूण–पंख तरूण किरण
> खड़ी खोलती है द्वार जागो फिर एक बार।।[22]

ऐसे जागरण–गीत छायावादी काव्य में प्रचुर मात्रा में है। छायावादी काव्य में एक बड़ी संख्या इन प्रभाती गीतों की है, जिनमें एक ओर शक्ति का आवाह्न है, और एक दूसरे तथा समकालीन संदर्भ में वे राष्ट्रीय स्वाधीनता के संघर्ष से जुड़े हैं।[23] इसीलिए यहाँ राष्ट्रीयता का रूप और व्यापक हो गया है। केवल देश का ही नहीं अखिल विश्व का जागरण इन कवियों की कामना है–

हिमालय के आंगन में उसे प्रथम किरणों का दे उपहार।
उषा ने हंस अभिनंदन किया और पहनाया हीरकहार।
जगे हम, लगे जगाने विश्वलोक में फैलाकर फिर आलोक।
व्योम–तम–पुंज हुआ तब नष्ट, अखिल संसृति हो उठी अशोक।[24]

पंत भी 'मधु–प्रभात' के माध्यम से 'नव मानवता' का विकास देखते हैं।

हर एक युग और हर एक कवि के अपने बिम्ब होते हैं जो उसके अन्तरतम और अन्तरमन को खोलते हैं। छायावादी कविता के भी अपने बिम्ब हैं, प्रतीक हैं जो उनके युग को युगीन परिस्थितियों को खोलते हैं। उनकी इच्छाओं, कामनाओं को आकार देते हैं, रंग देते हैं, रूप देते हैं। इन कवियों में जो एक बिम्ब विशेष रूप से उभरता है रात्रि और दिवस का, अंधकार और प्रकाश का। अंधकार प्रतीक है गुलामी का, अंधेरा है परतन्त्रता का परन्तु स्वाधीनता की भोर होना है ऐसा विश्वास भी है। प्रसादजी रात्रि और प्रातः दोनों को एक साथ रचते हैं 'बीती विभावरी जागरी', 'उषा सुनहले तीर बरसाती/जय लक्ष्मी–सी उदित हुई/उधर पराजित कालरात्रि भी/ जल में अंतर्निहित हुई।' कहकर आशा का संचार करते हैं। दुःख के साथ सुख का संयोजन रात्रि–दिवस का संयोजन है। दुःखपूर्ण रात्रि के व्यतीत होने पर ही सुख का प्रभात आता है। दुःखपूर्ण परतन्त्रता के बाद सुख का प्रातः आएगा ऐसा विश्वास है। दुःख की पिछली रजनी बीच/विकसता सुख का नवल प्रभात।

निराला में भी अंधकार और प्रकाश एक साथ आए हैं। 'तुलसीदास' का आरंभ 'तमस्तूर्य दिङ्मण्डल से है तो समापन 'जागो, जागो, आया प्रभात/बीती वह, बीती अंधरात' से है। 'राम की शक्ति–पूजा' में तो यह ज्यादा गाढ़ेपन के साथ अभिव्यक्त हुआ। अंधकार है और प्रकाश भी, निराशा है परन्तु आशा की किरण भी है। 'ऐसे क्षण अंधकार में जैसे विद्युत जागी पृथ्वीतनया कुमारिका छवि', है अमानिशा उगलता

गगन घन अंधकार, 'केवल जलती मशाल'। इस सबके बावजूद सभी छायावादी कवियों में आलोक, प्रकाश, भोर, प्रातः किरण, ज्योति, प्राची, अरुण, वरुण जैसे जागरण बिम्बों की ही प्रधानता है।

एक और तरीके से इस जागरण को देखा समझा जा सकता है, और वह है भाषा परिवर्तन। आधुनिक काल के पूर्व काव्य की भाषा थी ब्रज और आधुनिक काल की भाषा है खड़ी बोली। ब्रज की अपनी भूमिका थी, खड़ी बोली की अपनी युगीन भूमिका। ब्रजभाषा में रचित काव्य लोकरंजन एवं लोकमंगल का काव्य था जबकि खड़ी बोली में रचित काव्य जन–जागरण का काव्य है। "ब्रज भाषा में नींद की मिठास थी, इसमें जागृति का स्पंदन, उसमें रात्रि की अकर्मण्य स्वप्नमय ज्योत्सना, इसमें दिवस का व्यग्र प्रकाश।"[25]

अस्तु, राष्ट्रीय आन्दोलन से उपजी आधुनिक कालीन काव्य यात्रा 'भारत–दुर्दशा' से 'भारतिजय–विजय करे' तक की यात्रा है, 'अंधेर–नगरी' (सब ओर अंधाधुंध मच्यौ) से 'जागो फिर एक–बार' तक की यात्रा है। आधुनिक कालीन राष्ट्रीय जागरण से प्रेरित जागरण कविता 'तमसो मा ज्योतिर्गमय' की कविता है, अंधकार से प्रकाश की ओर गमन की कविता, गुलामी की गहन निराशा और पराजय से मुक्त होने की कविता है, यह भोर के संदेश की कविता है।

सन्दर्भ सूची

1. तुलसीदास सूर्यकांत त्रिपाठी निराला, पृ. 11।
2. Social Background of Indian Nationalism. A. R. Desai p. 05.
3. हिन्दी साहित्य का उद्भव और विकास, आ. हजारी प्रसाद द्विवेदी पृ. 257।
4. अध्ययन (खण्ड–2) डॉ. भगीरथ मिश्र पृ. 46।

5. आधुनिक हिन्दी साहित्य का विकास, डॉ. श्रीकृष्णलाल पृ. 82।
6. International Polities, Schaman Frederick L- P- 283.
7. बीसवीं शताब्दी के हिन्दी साहित्य की सांस्कृतिक पृष्ठभूमि भोलानाथ पृ. 194।
8. बीसवीं शताब्दी के हिन्दी साहित्य की सांस्कृतिक पृष्ठभूमि भोलानाथ पृ. 195।
9. भारत दुर्दशा पृ. 480 भारतेन्दु समग्र—संस्करण 1987।
10. भारत दुर्दशा पृ. 461 भारतेन्दु समग्र—संस्करण 1987।
11. अंधेर नगरी, भारतेन्दु पृ. 27
12. रूपनारायण पाण्डेय, पराग, देश संबंधी प्रोत्साहन पृ. 20।
13. पूर्ण संग्रह, स्वदेशी कुण्डलियाँ, सं. लक्ष्मीकांत त्रिपाठी पृ. 219।
14. इलाचन्द्र जोशी, साप्ताहिक प्रताप, विजयदशमी सं. 1973 पृ. 24।
15. भारतोत्थान, भारतगीत, श्रीधर पाठक पृ. 51।
16. भारत—भारती, मैथिलीशरण गुप्त पृ. 165।
17. भारत—भारती, मैथिलीशरण गुप्त पृ. 169।
18. आधुनिक कविता—यात्रा, रामस्वरूप चतुर्वेदी, पृ. 19।
19. आधुनिक कविता—यात्रा, रामस्वरूप चतुर्वेदी, पृ. 19।
20. परिमल निराला पृ. 198।
21. आधुनिक कविता—यात्रा, रामस्वरूप चतुर्वेदी पृ. 19।
22. समुद्रगुप्त विक्रमादित्य – प्रसाद पृ. 162।
23. पल्लव (प्रवेश) पंत— पृ. 16।
24. भारत महिमाः जयशंकर प्रसाद।
25. पल्लव की भूमिकाः सुमित्रानंदन पंत।

2

अंधेरे में : एक अनिवार यात्रा

'अंधेरे में', 'राम की शक्ति–पूजा', 'तुलसीदास', सरोज स्मृति, 'कनुप्रिया', 'अंधायुग', 'असाध्य वीणा', 'प्रवाद–पर्व', अग्निलीक, शम्बूक, 'एक कण्ठ विषपायी', 'संशय की एक रात' और 'आत्मजयी' बार–बार पढ़ने पर भी शेष रह जाती है। इनमें 'अंधेरे में' का पाठ और अध्ययन, समझने की प्रक्रिया से गुजरना एक विचित्र संघर्ष से गुजरना है, अपने अंदर उतरना है, जहाँ बहुत थोड़ी रोशनी है, किसी तिलिस्म से गुजरना है, (ये तिलिस्म बाबू देवकीनंदन खत्री का नहीं है) यह कवि के साथ किसी खोजी अभियान की यात्रा है, जहाँ सब कुछ विचित्र है परन्तु पहचाना–सा भी है (थोड़ा भयावह भी) और चाह कर भी यात्रा स्थागित नहीं की जा सकती चाहे गोली चले (कहीं गोली चल गई...) चाहे दण्डित किया जाए – आँखो पर काले डैश की पट्टी बांधी जाए, खड़ी पाई की सूली पर टांग दिया जाए या शून्य बिन्दु के अंधियारे खड्डे में गिरा दिया जाए या किसी मृत्यु–दल की जादुई रोमांचकारी करामात हो या विचित्र प्रोसेशन, कवि के साथ यात्रा करनी ही होती है क्योंकि वह खोजता है, खोज रहा है–

पठार...पहाड़...समुन्दर
जहाँ मिल सके मुझे
मेरी वह खोयी हुई

परम अभिव्यक्ति अनिवार

आत्म–संभवा।[1]

'परम–अभिव्यक्ति अनिवार कविता के आरंभ में अस्तित्व जनाता/अनिवार कोई एक' है। 'अनिवार' (अनिवार्य) ही है इसलिए रचना यात्रा कवि के साथ होती है। कवि की (जो वाचक भी है) 'अधेंरे में' की यात्रा के कई पड़ाव हैं और कई दृश्य भी हैं। कवि 'अंधेरे में' की यात्रा आरंभ करता है और कोई (जो उसी का प्रतिरूप है) जो स्पष्ट नहीं है केवल अपने क्रिया–कलापों से अपने 'अस्तित्व' का बोध कराता है – वह दिखता नहीं है केवल उसके पैरों की आवाज आती है किसी तिलस्मी खोह में कैद (लोभ की, स्वार्थ की शायद) 'भीत–पार' वह अपने अस्तित्व का बोध भी कराता है जो 'गहन रहस्यमय अंधकार–ध्वनि–सा' (अरूप के लिए अरूप प्रतीक) है।

कवि की धड़कन भी जानने को उत्सुक है कि वह कौन है 'सुनाई जो देता, पर नहीं देता दिखाई और अचानक 'भीत' से 'पलिस्तर' 'गिरता है और एक चेहरा उभरता है–

मुख बन जाता है दीवार पर,
नुकीली नाक और
भव्य ललाट है,
दृढ़ हनु,
कोई अनजानी अन–पहचानी आकृति।
कौन, वह दिखाई जो देता, पर
नहीं जाना जाता है।[2]

पहले केवल ध्वनि, फिर आकृति। आकृति की रेखाओं को देखकर कवि प्रश्न कर उठता है 'कौन मनु?' आदि पुरुष 'मनु' या कोई और? इतने में दृश्य परिवर्तन होता है, यात्रा 'तिलस्मीखोह' और 'भीत' (दीवार) से निकल कर शहर के बाहर पहाड़ी के उस पार तालाब तक

बढ़ जाती है और 'वह' दीखता नहीं है, दीवार पर फिर एक आकृति (शायद मनु) के रूप में, निश्चेष्ट आकृति के रूप में उभरता है 'वह' अब –

और मुसकाता है
पहचान बताता है
किन्तु मैं हतप्रभ
नहीं वह समझ में आता।[3]

'वह' जो अंधेरे में चक्कर लगा रहा था 'वह नहीं दीखता', परन्तु जब 'कौन वह दिखाई जो देता, पर नहीं जाना जाता है।' फिर वह 'पहचान बताता है' कथा नायक को फिर भी 'नहीं वह समझ में आता'–

तभी 'तिलस्मी खोह का शिला द्वार
खुलता है धड़ से' धीरे–धीरे[4]

और निश्चेष्ट आकृति जो पहचान बताती है अब गतिशील हो गई है– और वाचक – नायक (कवि) को प्रभावित भी कर रही है –

तेजो भावमय, उसका ललाट देख
मेरे अंग–अंग में अजीब एक थर–थर।
गौर वर्ण, दीप्त दृग, सौम्य मुख
संभावित स्नेह सा, प्रिय– रूप देखकर
विलक्षण शंका,
भव्य आजानुभुज देखते ही साक्षात्
गहन एक संदेह।[5]

'वह' अब पूरी तरह दृश्यमान हो गया है, उसका रूप आर्यो की तरह है इसीलिए कवि ने पहले प्रश्न किया था 'कौन मनु?' "मनु भारतीय इतिहास के आदि पुरुष है। राम, कृष्ण और बुद्ध इन्हीं के

वंशज हैं।"[6] उसे देखकर 'विलक्षण शंका भी है और 'गहन एक संदेह' भी क्यों?

क्योंकि वह 'आत्मा की प्रतिमा' ही थी। 'मेरे परिपूर्ण का आविर्भाव' भी अपने आप को पा लेना बड़ा कठिन है। इसे बाहरी परिस्थितियाँ सहन नहीं कर सकतीं इसीलिए 'मौत की सजा दी। यहाँ मौत की सजा के लिए कवि ने अभिव्यक्ति के उपकरणों को प्रयुक्त किया है–

किसी काले डैश की घनी काली पट्टी ही
आंखों में बँध गयी,
किसी खड़ी पाई की सूली पर मैं टाँग दिया गया,
किसी शून्य बिन्दु के अंधियारे खड्डे में
गिरा दिया गया मैं[7]

यहाँ तक यात्रा का प्रथम पड़ाव है। रचना के प्रथम भाग में रचनाकार उस रहस्यमय व्यक्ति की तलाश करता है जो उसी की आत्मा यानी स्वयं का प्रतिरूप है। इस तलाश को कवि ने फैंटेसी के जरिए बुना है क्योंकि स्वयं की पूर्णता की तलाश बिना फैंटेसी के संभव ही नहीं।

'शून्य बिन्दु के अंधियारे खड्डे में' गिरने के पश्चात् शुरु होती है वाचक–नायक की आगे की यात्रा परन्तु यहाँ वाचक ठहरा है और दृश्य परिवर्तन बाहर से हो रहे हैं। वाचक–नायक 'वह' को नहीं तलाश रहा बल्कि वह ही कवि के मन के द्वार की सांकल बजा रहा है और कवि अब उसे देखे बिना ही पहचानता है (जो दीखता नहीं था, जो मन जैसा था, जो मुसकाता था, पहचान बनाता था, जो आत्मा की प्रतिमा था)–

पहचानता हूँ बाहर जो खड़ा है!
यह वही व्यक्ति है जी हाँ!
जो मुझे तिलस्मी खोह में दिखा था।[8]

'वह' कवि का चेतन है कवि उसे पाना चाहता है परन्तु अपनी कमजोरियों की वजह से उस तक पहुँच नहीं पाता, 'वह' कवि के समक्ष 'अवसर–अनवसर' प्रकट होता रहना है।

'वह' जिसका कवि ने प्रथम भाग में बहिर्रूप का (तेजोमय ललाट, गौर–वर्ण, दीप्त–दृग', सौम्य मुख) परिचय कराया था अब उसके गुणों का परिचय कराता है–

अरे, उसके चेहरे पर खिलती हैं सुबहें
गालों पर चट्टानी चमक पठार की
आँखों में किरणीली शांति की लहरें
उसे देख, प्यार उमड़ता है अनायास।[9]

खिलती सुबह जागरण का संदेश देती है, तो चट्टानी चमक दृढ़ता का और किरणीली शांति सहयोग का। परन्तु अपनी मध्यम वर्ग की कमजोरियों के कारण उससे मिलने से वह कतराता है क्योंकि 'वह' उससे अपेक्षा रखता है, 'वह' उम्मीद करता है कि वर्ग की खाई को वाचक–नायक (आम आदमी का प्रतीक किन्तु चेतन प्रज्ञा वाला) पाट देगा–

कहता है "पार करो पर्वत–संधि गह्वर
रस्सी के पुल पर चलकर
दूर उस शिखर–कगार स्वयं पहुँचो"[10]

परन्तु वाचक शिखर पर पहुंचना नहीं चाहता उसे डर लगता है ऊँचाइयों से। वाचक–नायक (कवि) के मन में द्वन्द्व चलता है, एक ओर उसने भविष्य का नक्शा दिया है और दूसरी ओर वाचक की मध्यमवर्गीय कमजोरियां हैं परन्तु वही अपनी 'सत्–चित्–वेदना' से निर्णय लेता है–

नही–नहीं, उसको मैं छोड़ नहीं सकूँगा
सहना पड़े – मुझे चाहे जो भले ही[11]

वाचक–नायक के निर्णय करने में देर से 'वह' चला जाता है। और फिर वह खो जाता है वह उसकी 'पूर्णतम परम अभिव्यक्ति' है उसकी गुरु (मार्गदर्शक) है।

तीसरा खण्ड स्वप्न और जागृति का सम्मिश्रण है। जो स्वप्न में है वही जागृति में और जागृति में वही स्वप्न में। कवि या वाचक विचित्र दृश्य देखता है– पहले ताल्स्यताय और फिर ताल्स्यतायनुमा, प्रोसेशन, बैण्ड–दल, काले–काले बलवान घोड़ो का जत्था, केवेलरी कर्नल, ब्रिगेडियर, जनरल, मार्शल, सेनापति, सेनाध्यक्ष, प्रकाण्ड आलोचक, विचारक, कवि–गण, मन्त्री, उद्योगपति, विद्वान यहाँ तक कि कुख्यात हत्यारा डोमाजी उस्ताद भी।

स्वप्न में तीन पक्ष है– तालस्यताय या ताल्स्यतायनुमा अर्थात सामाजिक अन्तर्विरोधों का लेखक पहला पक्ष है। दूसरा पक्ष है पूँजीपति वर्ग का जिसने अपनी पूँजी के बलबूते पर सत्ता, समाचार, साहित्यकार, सेना और हत्यारे डोमाजी उस्ताद पर अपना आतंक फैला दिया है और तीसरा पक्ष है, मैं–अर्थात आम आदमी जिससे पूँजीपति वर्ग भयभीत है क्योंकि क्रांति यहीं से होगी इसीलिए वे नहीं चाहते कि कोई आम आदमी उनको देखे–

मारो गोली, दागो स्याले को एकदम,
दुनिया के नजरों से हटकर
छिपे तरीके से
हम जा रहे थे कि
आधीरात– अंधेरे में उसने
देख लिया हमको
व जान गया वह सब
मार डालो, उसको खत्म करो एकदम।[12]

स्वप्न टूटने पर भी स्वप्न का सच कवि को याद आने लगता है और वह महसूस करता है कि–

गहन मृतात्माएँ इसी नगर की
हर रात जुलूस में चलतीं
परन्तु दिन में
बैठती हैं मिलकर करती हुई षडयंत्र[13]

विभिन्न दफ्तरों, कार्यालयों, केन्द्रों में, घरों में षडयन्त्रकारियों को उनके स्वार्थ और सत्तालोलुप कार्यों को देख लेने की सजा हमेशा ही आम आदमी भुगतता आया है–

हाय–हाय, मैंने उन्हें देख लिया नंगा,
इसकी मुझे और सजा मिलेगी।[14]

चतुर्थ खण्ड और दृश्य परिवर्तन। सारी रात बीत गई, प्रातः के चार बज गये – सुबह अभी दूर है वह सुबह जो प्रकाशमय हो, जागृत हो, चेतन हो।

'मार्शल–ला' लगा दिया गया, चारों ओर जन–क्रांति को दबाया जा रहा है। स्वार्थ और लोभ ने, भय और कायरता ने, न क्रांति को फैलाव दिया और न ही सर्वहारा वर्ग का उद्धार ही हो सका। यहाँ मुक्तिबोध ने एक पात्र गढ़ा– 'सिरफिरा जनसमाज की नजरों में सिरफिरा क्योंकि वह जाग गया था, (जो जागत है वह रोवत है) वह कोई 'पद' (भक्तिकालीन पद्धति कबीर?) गा रहा था, 'आत्मोद्बोधमय' (सुनो भाई साधो)। स्वयं को ही बोध दे रहा था या समाज को आइना दिखा रहा था–

अब तक क्या किया
जीवन क्या जिया,
ज्यादा लिया और दिया बहुत–बहुत कम
मर गया देश अरे जीवित रह गये तुम....[15]

पागल कवि की प्रतिच्छाया–सा लगता है। वह सोचने लगता है कि मेरे ही कारण ही यह संकट आया है–

आज उस पागल ने मेरी चैन भुला दी,
मेरी नींद गँवा दी।[16]

पागल कौन? जो क्रांति की बात करता है, जो अपने बहिर से संघर्ष करता है, जो सामान्य से ऊपर उठ जाता है, जो साधारण सुख–दुःख से असंपृक्त हो, सचाई को निर्मम तरीके से कहने में सक्षम हो, जो दण्ड से भयभीत न हो (जो कबीर हो, सुकरात हो)। इसीलिए कवि–वाचक–नायक जो सचेतन है 'पागल' के कथन से विचलित हो जाता है और उसकी नींद उड़ जाती है उसे लगता है–

कोई छिपी वेदना, कोई गुप्त चिन्ता
छटपटा रही, छटपटा रही है।[17]

यही छटपटाहट यात्रा के अगले चरण अर्थात् पाँचवे खण्ड में भी निरन्तर है। छटपटाहट के साथ वाचक–नायक को संकेत मिलता है बरगद पात के रूप में वह सोचता है 'क्या वह इशारा, / क्या वह चिट्ठी है किसी की?

कौन–सा इंगित? और नायक भागता है, घूम जाता है कई मोड़ और उसे दिखाई देता है 'स्वप्न सरीखा' और वह देखता है 'मणि तेजस्क्रिय रेडियो–एक्टिव रत्न' उन्हें देखने पर उसे भान होता है–

दीप्ति में वलयित रत्न वे नहीं हैं
अनुभव, वेदना, विवेक–निष्कर्ष
मेरे ही अपने यहाँ पड़े हुए हैं।[18]

उसे एहसास होता है कि अपनी मध्यवर्गीय कमजोरियों के कारण अपने ही अनुभवों, वेदना और विवेक निष्कर्षों को वह सक्रिय नहीं कर पाया है वे यहाँ निष्क्रिय हैं इसलिए 'पड़े हुए हैं'।

छटवें खण्ड में वाचक–नायक अपराध बोध से भर जाता है कि उसने अपने बहुमूल्य विवेक–निष्कर्षों को 'गुहावास' दे दिया –

जनोपयोग से वर्जित किया और
निषिद्ध कर दिया
खोह में डाल दिया[19]

क्योंकि खतरे हैं वही मध्यवर्गीय भय कि बच्चे भीख माँगते। वाचक–नायक के साथ फैंटेसी पुनः सक्रिय होती है और तेज गति से दृश्य परिवर्तन होता है 'सीन बदलता है' रात्रि में सुनसान चौराहा, गेरुआ घण्टाघर, खम्भों पर 'बिजली की गरदनें लटकी' 'शर्म से जलते हुए बल्बों के आस–पास बेचैन खयालों के पंखों के कीड़े' सुनसान चौराहा जहाँ विचित्रताओं को देख वह भागता है।

भागता मैं दम छोड़
घूम गया कई मोड़[20]

और आकर्षण में बंधा वह तिलक की पाषाण मूर्ति देखता है जिसकी 'आँखों में बिजली के फूल सुलगते' हैं परन्तु फिर वह देखता है अतिशय चिन्ता के कारण ही उस भव्य ललाट की नासिका में से/बह रहा खून न जाने कब से, वाचक–नायक को लगता है कि देश की चिन्ता के कारण यह हो रहा है। देश की चिन्ता में जिन्होंने लाठियाँ खाईं, जेल गये वे देश की वर्तमान स्थिति से, स्वातन्त्र्योत्तर भारत में आम आदमी की दशा से चिन्तित हैं और कवि अपने पूर्व पुरुष को पितः कहते हुए आश्वस्त करता है–

हाय–हाय, पितः पितः ओ
चिन्ता में इतने न उलझो
हम अभी जिन्दा हैं जिन्दा
चिन्ता क्या है[21]

और भागता हुआ – सक्रियता से भागता हुआ नायक द्वन्द्व में फँसा नायक, मध्यवर्गीय खोल में बँधे नायक के अन्दर –

भयानक जिद कोई जाग उठी मेरे भी अन्दर
हठ कोई बड़ा भारी उठ खड़ा हुआ है।[22]

तिलक की मूर्ति के बाद उसे सर्दी में बोरे को ओढ़े कोई दिखाई देता है, यह भी रक्तालोकस्नात पुरुष की तरह ही उसे परिचित लगता है, परन्तु उसे देखा था पाया नहीं था–

ध्यान से देखता हूँ – वह कोई परिचित
जिसे खूब देखा था, निरखा था कई बार पर,
पाया नहीं था।[23]

कवि को या कहें वाचक–नायक को तलाश, पाने की चाह यात्रा के आंरभ से ही है– किसी प्रेरक, किसी पूर्ण पुरुष की, देव की, वह कभी मनु है तो कभी तालस्यताय, कभी तिलक तो कभी गाँधी। गाँधी ही उसे सचेत करते हैं कि कोई भी जो जोरदार आवाज उठा दे मसीहा नहीं होता बल्कि जनता ही भावी का उद्गम है–वे कह रहे हैं–

मिट्टी के लोंदे में किरगीले कण–कण
गुण है, –
जनता के गुणों से ही संभव
भावी का उद्भव...[24]

भावी का उद्भव...और वह भविष्य का जन, शिशु रूप में वाचक को देते हैं क्योंकि यह 'अब तक मेरे पास चुपचाप सोया हुआ यह था।' सोया था, निष्क्रिय था, सक्रिय नहीं था, उसे सक्रिय करने और सुरक्षित रखने की जिम्मेदारी वे देते हैं और कहते हैं– 'संभालना इसको, सुरक्षित रखना' यह शिशु वाचक का अपना परिचित है, उसके

अंदर का ही भंयकर क्रोध है, वह अपने (मध्यवर्गीय) भय के कारण जिसे दबाता आया है वही है, यह। इसीलिये उसके रोने, चीखने से वह घबराता नहीं खुश होता है–

किन्तु न जाने क्यों खुश बहुत हूँ।
जिसको न मैं इस जीवन में कर पाया,
वह कर रहा है।[25]

शिशु 'सूरजमुखी–फूल–गुच्छे' में बदल जाता है, उन सूरजमुखी स्वर्ण–पुष्पों से प्रकाश–विकिरण होता है और पुष्प–गुच्छ का स्थान ले लेती बन्दूक। वाचक आगे बढ़ता है 'अंधेरे में' की यात्रा जारी है शिशु हो, पुष्प गुच्छ हो या बन्दूक अपनी परम अभिव्यक्ति की खोज 'अनिवार' है और ऐसे में वाचक को पुनः अपना परिचित दिखलाई देता हैं परन्तु मृत दशा में क्योंकि वह कलाकार है, कलाकार कार्यक्षमता से वंचित, सपने देखने में माहिर, अपने वर्ग से कटा है इसीलिए अपना ज्ञान किसी को नहीं दे पाया, मारा गया (ब्रह्म राक्षस की तरह–दो कठिन पाटों बीच पिस गया) तब वाचक का स्वयं से सवाल है–

मैं क्या करता था अब तक,
भागता फिरता था सब ओर।[26]

इस एहसास के साथ वह 'सकर्मक सत् चित् वेदना सास्वर' हो नये दोस्त और सहचर खोजता है।

तभी सत्ताधारी वर्ग (अन्दर का भय) उसे घेर लेता है तरह–तरह की यातनाएँ देता है वह इनसे ऊपर उठकर अपने मन को मजबूत बनाता है उसके फटे हुए मन की जेब में पत्र रूप में गिरता है और वह अनुभूत करता है कि परिवर्तन की चाह सत्ताधारी और पूँजीपतियों की मिलीभगत का विरोध सब जगह है–

हम कहाँ नहीं हैं
सभी जगह हम।

इसी विश्वास के कारण वह कह उठता है–

विचित्र रूपों को धारण करके
चलता है जीवन–लक्ष्यों के पथ पर।[27]

लक्ष्यों के पथ पर यात्रा है सातवें खण्ड की। लक्ष्य पाने के खतरे हैं, खतरे जो 'छाया–मुख' हैं पीछा नहीं छोड़ते इसीलिए इन खतरों से दूर साथी खोजने होंगे, जो आंदोलनकारी भूमिगत हो गये थे उन्हें ढूंढना होगा। उनके संदेश, सुझाव आते रहते हैं।

अचानक विचित्र स्फूर्ति से मैं भी
जमीन पर पड़े हुए चमकीले पत्थर
लगातार चुनकर
बिजली के फूल बनाने की कोशिश
करता हूँ।[28]

'बिजली के फूल' संघर्ष, ऊर्जा, क्षमतावान, प्रकाशवान होने का संकेत है और कमियों का भान भी है वाचक को वह कह उठता है–

क्या कहूँ
मस्तक–कुण्ड में जलती
सत्–चित्–वेदना–सचाई व गलती
मस्तक–शिराओं में तनाव दिन–रात।[29]

लक्ष्य को पाने के लिए अरुण कमल–पाने के लिए, विद्रोह करना होगा, भाषा को आमजन की भाषा बनाना होगा। लक्ष्य पाने के लिए 'रंगीन पत्थर फूलों' से काम नहीं चलेगा। परम्पराओं को धार्मिक परम्पराओं को, सांमती गढ़ों को तोड़ना होगा तब कहीं लक्ष्य मिलेगा। कठिन रास्तों से गुजरना होगा, विरोधों के बीच आगे बढने पर ही लक्ष्य मिलेगा–

अब अभिव्यक्ति के सारे खतरे

उठाने ही होंगे।
तोड़ने होंगे की मठ और गढ़ सब।
पहुँचना होगा दुर्गम पहाड़ों के उस पार
तब कहीं देखने मिलेंगी बाहें,
जिनमें कि प्रतिपल कांपता रहता
अरुण कमल एक...........[30]

अरुण कमल अकेले नहीं पाया जा सकता। इसके लिए तो सबको इकट्ठा होना होगा। वाचक–नायक अपनी कमजोरियों के बीच पाता है–

पाता हूँ सहसा–
अंधेरे की सुरंग–गलियों में चुपचाप
चलते हैं लोग–बाग
दृढ़–पद गंभीर
बालक–युवा गण
मंद–गति नीरव
किसी निज भीतरी बात में व्यस्त हैं
कोई आग जल रही तो भी अन्तःस्थ।[31]

यहाँ धीरे–धीरे वाचक–नायक को यह एहसास होने लगता है कि विद्रोह अकेले नहीं होता सबके साथ होता है। अकेले तो बौद्धिक जुगाली होती है। इस विचार के आते ही वह अपने अन्दर की शक्ति को पहचानता हैं। उसे कोई चुपचाप पर्चा दे जाता है और उस पर्चे में भी वही है जो वाचक की स्वयं की धारणा है। यहाँ मुक्तिबोध (संभवतया) यही कहना चाहते हैं कि अपनी ताकत को पहचानना आसान नहीं है और जब पहचान लेते हैं तो सर्वत्र वही दिखलाई देती है। वह जो अपने वर्ग से निकलना नहीं चाहता, जो आंरभ में शिखरों की यात्रा नहीं करना चाहता, जो डरता है ऊंचाइयों से, वही अब–

पर्चा पढ़ते हुए उड़ता हूँ हवा में
चक्रवात–गतियों में घूमता हूँ नभ पर
जमीन पर एक साथ
सर्वत्र सचेत उपस्थित।
प्रत्येक स्थान पर लगा हूँ मैं काम में,
प्रत्येक चौराहे, दुराहे व राहों के मोड़ पर
सड़क पर खड़ा हूँ
मानता हूँ, मानता हूँ, मनवाता अड़ा हूँ।[32]

वर्ग मुक्ति के कारण वाचक–नायक में यह साहस आता है। पहले उस रक्तालोक स्नात पुरुष का दिया नक्शा वह सहन नहीं कर सकता था–

भविष्य का नक्शा दिया हुआ उसका
सह नहीं सकता।

वही अब विश्व नक्शे को देखता है –

और अब दिक्काल–दूरियां
अपने ही देश के नक्शे–सी टंगी हुई
रंगी हुई लगतीं।[33]

वह अपने को परिणत पाता है और दृढ़तापूर्वक सत्ता सामंत वर्ग को ललकारता है–

कविता में कहने की आदत नहीं पर कह दूँ
वर्तमान समाज में चल नहीं सकता।
पूँजी से जुड़ा हुआ हृदय बदल नहीं सकता
स्वातन्त्रय व्यक्ति का वादी
छल नहीं सकता मुक्ति के मन को,
जन को।[34]

आठवाँ खण्ड पूँजीपतियो और सत्ताधारियों के विरुद्ध क्रांति के परिणाम स्वरूप 'कहीं आग लग गयी, कहीं गोली चल गयी' क्रांति को दबाने का प्रयास। यह क्या? जिनसे उम्मीद है परिवर्तन की, सत्ता से विरोध की वे 'सब चुप साहित्यिक चुप और कवि जन निर्वाक् चिन्तक, शिल्पकार, नर्तक चुप हैं'

यही नहीं –
भव्याकार भवनों के विवरों में छिप गये
समाचार–पत्रों के पतियों के मुख स्थूल
गढ़े जाते संवाद
गढ़ी जाती समीक्षा
गढ़ी जाती टिप्पणी जन–मन–उर–शूर।
बौद्धिक वर्ग है, क्रीत दास'[35]

ऐसे में आम जन जाग गया है दादा का सोंटा, कक्का की लाठी, बच्चे की पेंपे, जड़–चेतन सब सक्रिय हो गये–

एक–एक वस्तु या एक–एक प्राणाग्नि बम है,
ये परमास्त्र है, प्रक्षेपास्त्र है, यम है।[36]

युग बदल रहा है, युवकों में व्यक्तित्वान्तर हो रहा है।

वाचक पुनःस्वप्न–भंग की स्थिति में आता है और अपने को अकेला पाता है, साथ ही उसे कहीं कोई उजास भी दिखाई देता है। सुबह वह गैलरी में खड़ा होता है उसे फिर वही व्यक्ति दिखाई दे जाता है जिसे गुहा में देखा था और वह पुनः भीड़ में खो जाता है। यह व्यक्ति वाचक की परम अभिव्यक्ति है, गुरु है, और वाचक को उसकी खोज है और जो यात्रा 'अंधेरे में' से आंरभ होती है वह यात्रा अंनत है, निरन्तर है क्योंकि वह अभी भी खोज रहा है–

खोजता हूँ पठार.........पहाड़........समुन्दर
जहाँ मिल सके मुझे

मेरी वह खोयी हुई

परम अभिव्यक्ति अनिवार

आत्मसंभवा[37]

यह यात्रा है 'अस्तित्व जनाता/अनिवार कोई एक' से 'परम अभिव्यक्ति अनिवार/आत्म संभवा' तक की। यात्रा एक खोजी अभियान है, 'मैं' से 'वह' तक की यात्रा है, जिसमें 'मैं' और 'वह' अभिन्न है 'मैं' का ही प्रतिरूप 'वह' है परन्तु वह आदर्श रूप है –

अनरखोजी निज–समृद्धि का वह परम–उत्कर्ष

परम अभिव्यक्ति...

मैं उसका शिष्य हूँ –

वह मेरी गुरु है

गुरु है।[38]

जिसे 'मैं' पाना चाहता है और उसका 'सजल उर–शिष्य' (ब्रह्म राक्षस) होना चाहता है परन्तु वह फिर खोजता है और 'मैं' उसे खोजता रहता है, खोजता रहता है सर्वत्र.....हर गली में, हर सड़क पर।

'अंधेरे में' की इस यात्रा में जो आलोक मैंने लिया है मुक्तिबोध के आलोक संकेत में कहूँ तो 'नीली गैस लाइट', 'दीप्ति वलयित् रत्न', 'बिजली के फूलों की भांति ही', 'चाँदनी में कोई दीया सुनहला' गैलरी में फैला है सुनहला रवि छोर– वह अब तक 'अंधेरे में' पर विद्वानों के चिन्तन का आलोक है। डॉ.रामविलास शर्मा, डॉ. नामवर सिंह, अशोक चक्रधर, परमांनद श्रीवास्तव और नंदकिशोर नवल ने विशेष रूप से इस यात्रा में मुझे रोशनी दिखाई है।

संदर्भ ग्रन्थ

1. मुक्तिबोध रचनावली – 2 सं. नेमीचन्द्र जैन, पृष्ठ 355
2. ————————''———————— पृष्ठ 321।
3. ————————''———————— पृष्ठ 321।
4. ————————''———————— पृष्ठ 322।
5. ————————''———————— पृष्ठ 322।
6. कामायनी, आमुख, जयशंकर प्रसाद, पृष्ठ 404।
7. मुक्तिबोध रचनावली – 2 सं. नेमीचन्द्र जैन, पृष्ठ 323।
8. ————————''———————— पृष्ठ 323–24।
9. ————————''———————— पृष्ठ 324।
10. ————————''———————— पृष्ठ 324।
11. ————————''———————— पृष्ठ 325।
12. ————————''———————— पृष्ठ 330।
13. ————————''———————— पृष्ठ 330।
14. ————————''———————— पृष्ठ 331।
15. ————————''———————— पृष्ठ 33।
16. ————————''———————— पृष्ठ 334।
17. ————————''———————— पृष्ठ 335।
18. ————————''———————— पृष्ठ 336।
19. ————————''———————— पृष्ठ 336।
20. ————————''———————— पृष्ठ 338।
21. ————————''———————— पृष्ठ 339।
22. ————————''———————— पृष्ठ 339।
23. ————————''———————— पृष्ठ 340।
24. ————————''———————— पृष्ठ 341।
25. ————————''———————— पृष्ठ 342।
26. ————————''———————— पृष्ठ 344।
27. ————————''———————— पृष्ठ 346।
28. ————————''———————— पृष्ठ 347।
29. ————————''———————— पृष्ठ 348।

3

मिठो पाणी खारो पाणी –
नदी से सागर की यात्रा

दिक् और काल, बिन्दु और क्षण, स्थान और समय सार्वकालिकता और सार्वभौमिकता मानवीय जीवन की निरन्तरता के परिचायक हैं और निरन्तर है प्रेम, करूणा, दया, ममता, क्रोध, हिंसा, ईर्ष्या, द्वेष, प्रतिशोध, आशा, आकांक्षा और महत्वाकांक्षा। महत्वाकांक्षा ने न जाने कितने देश बना दिए और न जाने कितने देश बरबाद कर दिए और कर रहे हैं, यह कहा जाए कि इसी महत्वाकांक्षा ने ही न जाने कितने देश नष्ट कर दिए। महाभारत काल से आज तक न जाने कितने देशों को यह महत्वाकांक्षा अपना शिकार बना चुकी है और क्या केवल देश नष्ट होते हैं? क्या देश केवल कागज पर खींची हुई रेखाएं है? देश अर्थात एक संपूर्ण संस्कृति, उसकी नदियां, पेड़, पौधे, पहाड़, गीत, त्यौहार, रीति–रिवाज। अगर देश बिखरता है, टूटता है तो ये सब भी तो टूट और बिखर जाते हैं। इसी टूटन और बिखराव को 'मिठो पाणी खारो पाणी' में जया जादवानी ने अंकित किया है। मीठे पानी की सरिता 'सिन्धु' दास्तां सुना रही है। सिन्धु या सिन्ध के तटों पर बसने और उजड़ने का दस्तावेज है यह उपन्यास।

सिन्ध के पांच हजार साल के इतिहास को समेटते इस उपन्यास के तीन पाठ बनते है – पहला – सांस्कृतिक ऐतिहासिक

पाठ, दूसरा भारत विभाजन और सांप्रदायिकता का पाठ और तीसरा स्त्रीवादी पाठ।

पहला पाठ– ऐतिहासिक–सांस्कृतिक पाठ

सिन्धु घाटी की सभ्यता जिसकी वाचक है स्वयं सिन्धु 'मेरी इस सतत प्रवहमान धारा ने इतिहास के न जाने कितने उतार–चढ़ाव देखते दिव्य महापुरुषों, कुटिल सेनापतियों, दो मुँहे वाणिकों और अपनी जान न्योछावर करने वाले सैनिकों की गतिविधियों का स्पर्श किया है। मैं 'सप्त सैंधव'.........मेरी स्मृतियों में मनुसन्तति आज भी मेरे तटों पर अठखेलियाँ कर रही है– वेदों की ऋचाओं का गुंजन, यज्ञवेदी से उठता सुगंधित धुआँ.....आकाश मार्ग में गुजरते देवता जान जाते यह मेरी ही भूमि है..... ।" वाचक सिन्धु नदी प्रवहमान अपने उद्‌गम से अपने अपने गंतव्य (अरब सागर) तक अपने तटों पर होने वाले संपूर्ण घटनाक्रम का साक्षी भाव से कथन करती चली जाती है। इसमें है प्रेम की कथा, युद्ध की विभीषिका, संस्कृति की धारा और सत्ता की भूख। इस सिन्धु प्रदेश में कभी दुश्शला के पति का साम्राज्य था तो जैन सम्प्रदाय के 11वें तीर्थंकर श्रेयांसनाथ का जन्म यहीं हुआ था। इसी सिन्धु के सेव्हणे स्थान पर लाल शाह बाज कलन्दर की मजार है। इसी सिन्ध पर चच ने 40 वर्षों शासन किया उनके पुत्र दाहिर सेन ने दुश्मनों की सेना को भी अन्न के अभाव में भूखों मरने नहीं दिया। यहीं धोखे से मुहम्मद बिन कासिम ने दाहिर को पराजित किया। सूफी मत की जड़ें इसी सिन्ध से जुड़ी थीं। शाह लतीफ़ भिटाई यहीं के जन कवि थे और सस्सी–पुन्हूँ की प्रेम कहानी उन्हीं की ज़बान से जन जन में प्रचलित हो सकी, न जाने कितनी क्षत्रियोचित जातियों ने इस प्रदेश को सँवारा, बिगाड़ा और पुनर्निर्मित किया है। इसी सिन्धु की सभ्यता की विलक्षणता का पता सन् 1924 में चला जिसका विस्तार भी बहुत था".............पूर्व से पश्चिम 1600 और उत्तर से दक्षिण तक

100 किलोमीटर यानी पश्चिम में ब्लूचिस्तान तक और गुजरात तक फैली थी यह सभ्यता"।

सिन्ध ने वह समय भी देखा जब सिन्ध पर लम्बे समय तक मुस्लिम मीरों ने शासन किया था। मीरों के आतंकी शासन से मुक्ति का रास्ता उस समय के प्रसिद्ध व्यापारी भोजवानी परिवार के सेठ नाउमल ने अंग्रेजों को मनचाहा धन देकर लगभग 1843 में मीरों से सिन्ध को मुक्त कराया। लेखिका ने सिन्ध की ऐतिहासिक पृष्ठभूमि में उन महत्वपूर्ण सिन्धियों का उल्लेख किया है जिनके प्रयत्नों से सिन्ध को अपनी पहचान मिली। ऐसे सिन्धियों में हैं ऋषि दयाराम साधु वासवानी। ऐसे ही हैं हेमू कालाणी और निर्मल जितवाणी। और इनमें हैं परचो विद्यार्थी जिन्होंने सिन्ध को अलग देश के रूप में आज़ाद करवाने का सपना देखा था।

सिन्ध और सिन्धु के वैशिष्ट्य का वर्णन लेखिका ने गौरव से श्रद्धा से और आस्था से किया है। सिन्ध और सिन्धु का भारतीय संस्कृति में विशिष्ट स्थान है, उसका विस्तार भी बहुत है। सिन्धु नदी कैलाश पर्वत, मानसरोवर से गुज़रते हुए अरब सागर में समा जाती है......... "सिन्ध धरती,देश नहीं, सागर, सभ्यता, संस्कृति और भाषा के नाम से पहचाना जाने वाला दुनिया में एक मात्र शब्द है........आदिकाल से आज तक समूचे विश्व में नमक, कपड़ा और घोड़े सिन्ध के नाम से ही प्रसिद्ध थे।"

इसी सिन्ध सिन्धु के तट पर स्वतंत्रता संग्राम के दौरान और स्वतंत्रता के पश्चात जो कुछ भी घटित हुआ उपन्यास का दूसरा पाठ।

दूसरा पाठ– भारत विभाजन एवं साम्प्रदायिकता का पाठ

"जिस जम्बूद्वीप को राम–रावण युद्ध, महाभारत युद्ध, ईसा पूर्व तीसरी सदी नें आया सिकन्दर, शक और हूण, मोहम्मद बिन कासिम, गौरी, नादिर शाह, अब्दाली, तुर्क, अफगान, मुगलिया सल्तनत न तोड़

सके– पाँच हजार साल पुराने उस महादेश को अंग्रेजों ने तोड़ दिया। अंग्रेजों से ज्यादा उसे अपनों की कुटिलताओं ने तोड़ा।"

विभाजन की त्रासदी ने आधुनिक भारत के निर्माण को जितना आघात पहुँचाया उतना और किसी घटना ने नहीं। 'सारे जहाँ से अच्छा हिन्दुस्तां हमारा' कहने वाले इकबाल पाकिस्तान पहुंच गये और उनकी निष्ठाएं बदल गई। पिंजर–अमृता प्रीतम, तमस–भीष्मसाहनी, ट्रेन टू पाकिस्तान–खुशवंत सिंह में इस त्रासदी की भयावहता, इसका वहशीपन, इसका अमानवीय रूप आज भी कंपा देता है। इस विभाजन ने हिन्दू–मुस्लिम गंगा जमुनी संस्कृति को तो तोड़ा ही जिसे आज तक दोनों देश भोग रहे हैं परन्तु इस विभाजन ने दो संघर्षशील, परिश्रमी, जांबाज जातियों को अपनी पहचान से तोड़ कर शरणार्थी बना दिया; ये जातियां है सिन्धी और पंजाबी। पंजाबियों को तो पंजाब उनकी संस्कृति, भाषा और भूमि के रूप में मिल गया। सबसे ज्यादा ठगी गयी सिन्धी कौम न तो उन्हें सिन्ध मिला और न ही उनकी अपनी सांस्कृतिक पहचान। सिन्धी भाषा आठवीं अनुसूची में तो शामिल है परन्तु किसी राज्य की राजभाषा, कामकाज की भाषा नहीं बन सकी। वह सिन्ध जो धरती देश, नदी सागर सभ्यता, संस्कृति और भाषा के नाम से पहचाना जाने वाला दुनिया में एकमात्र शब्द है......." जिस आजादी के लिए सिन्धी भी लड़े उन्हें सिन्ध की धरती से ही बेदखल कर दिया है। और इस बेदखली से सिन्धियों में अत्यंत आक्रोश भी था 'सबसे बड़ा अन्याय हुआ था सिन्धी हिन्दुओं के साथ। पंजाब और बंगाल को पश्चिमी और पूर्वी क्षेत्र के आधार पर बांटा गया, इससे उखड़े हुए पंजाबी और बंगाली उस हिस्से में जाकर बस गये।'

विभाजन से सिन्ध और सिन्धियों के साथ सबसे अधिक अन्याय हुआ। सिन्ध पाकिस्तान में रह गया और सिन्धी शरणार्थी बन गए। स्वतंत्रता आंदोलन में सिन्धियों ने बढ़ चढ़कर हिस्सा लिया। हेमू कालाणी, जीतवाणी, तोलाराम बालाणी ऐसे ही स्वतंत्रता संग्राम सेनानी थे। परचो विद्यार्थी ने आजाद सिन्ध का सपना देखा था।

सिन्धु नदी को साक्षी मान यहां सबके वक्तव्य हैं.......उन सबके जो सिन्ध के निवासी थे जिन्होंने सिन्धु के तटों पर जीवन जिया था और जिन्हें विभाजन की त्रासदी सबसे अधिक भोगनी पड़ी।

सिन्धी जन जो विभाजन की त्रासदी से आहत थे वे इसके लिए गांधी जी से अत्यंत नाराज थे वे ये मानते थे कि गांधीजी ने भी उनका साथ नहीं दिया "वैष्णव जन तो तेने कहिये जो पीर पराई जाने रे के भजन गाने वाले महात्मा गांधी सिन्धियों की पीर के प्रति बेपीर थे।" गांधी और गांधी के प्रयोगों के प्रति भी उनकी नाराजगी व्यक्त हुई है डॉ. चोइथराम यह मानते हैं कि किसी पर कोई चीज थोपी नहीं जा सकती यदि मन को स्वीकार न हो तो उसका परिणाम अनुकूल नहीं होता है 'अहिंसा हो या ब्रहमचर्य उसे किसी पर थोपा नहीं जा सकता लेकिन गांधी जी दूसरों पर इन्हें थोपते रहते थे।' उनकी अहिंसा को भी उन्होंने उचित नहीं माना "अनशन करके मर जाने की धमकी बार–बार देते रहे' यह क्या था? हिंसा ही तो थी, अपने ऊपर भी और दूसरों पर भी।"

सिन्धी शरणार्थी बन भारत के उस हिस्से में आए जो पाकिस्तान नहीं था सिन्ध भी नहीं था, जहाँ सिन्धु भी नहीं थी 'वे आकर बसे कच्छ के जडेजा की धरती पर। कच्छ के जडेजा महाराज ने उन्हें 15 हजार एकड़ जमीन दान में दी। वे जो मेहनती थे अब शरणार्थी हो गये परन्तु उनके मेहनती और संघर्षशील स्वभाव ने उन्हें नयी जमीन पर पैर जमाने में ताकत दी। आज भारत में सिन्ध नहीं है, परन्तु सिन्धियों को व्यापार बुद्धि ने उन्हें पुनः संपन्न बना दिया।

तीसरा पाठ.............स्त्रीवादी पाठ

"दुनिया की औरतों होश में आओ। कोई भी तुम्हारे विकास में उत्सुक नहीं है, सिवा तुम्हारे....."

'मिठो पाणी खारो पाणी' का तीसरा पाठ है स्त्रीवादी पाठ.... लेखिका ने यहाँ स्त्री की हर तरह की पीड़ा को लिपिबद्ध किया है। स्त्री की पीड़ा को लेखिका ईसा की पाँचवी शताब्दी पूर्व यशोधरा की पीड़ा से उठाती है, उनके अनुसार स्त्री को न तो कोई मनोवैज्ञानिक, न विश्लेषक और न ही साहित्यकार समझ सका है। इसीलिए वे कहती हैं "हर युग का अभिशाप है.....वैदिक युग से कलियुग तक औरत सदैव कुचली–मसली मारी जाती है।" बुद्ध हो या कोई अन्य संत स्त्री को पीछे छोड़ आगे बढ़ जाते हैं। लेखिका ने उस समय को भी अपने चिन्तन में समेटा है जब यातायात साधन न होने के कारण घर के समस्त पुरुष व्यवसाय–व्यापार के लिए परदेस निकल जाते थे। स्त्रियां सिंधी समाज की हों या मुस्लिम समाज की सब बंधक की तरह रहती हैं। महिलाएं और बच्चे पीछे हवेलियों में छोड़ दिए जाते हैं। पीछे छूटी महिलाएं अपना जीवन व्यतीत करती है घर के काम काज कर के, बड़ी–पापड़ी बनाकर। यहीं लेखिका एक विमर्श पैदा करती है, औरत के औरत होने का विमर्श, वह सीता हो या द्रौपदी अग्निपरीक्षा उसी को देना पड़ती है, उसकी विवशता है, यदि विवाह करे तो गुलाम और विवाह न करे तो असुरक्षित। उसकी स्थिति को यहां कवयित्री जया जादवानी इन शब्दों में कहती है–

जैसे हाशिये पर लिख देते हैं.....
बहुत फालतू शब्द और
कभी नहीं पढ़ते उन्हें
ऐसे ही वह लिखी गयी और
पढ़ी नहीं गयी कभी
जबकि उसी से शुरु हुई थी
पूरी एक किताब....................... ।"

दूसरी ओर है मुस्लिम स्त्रियां......यहाँ तो हालात और भी खराब है। कोई स्वतन्त्रता नहीं, शिक्षा तो है ही नहीं क्योंकि कुरान में कहा

गया है 'औरत तुम्हारी खेतियाँ है।' उन्हें वस्तु की तरह बेचा और खरीदा जा रहा है। दुःख, दर्द और पीड़ा से भरी समस्त स्त्रियों के सीनों पर आँसुओं का खारा पानी बर्फ की तरह जमा है। उनके प्रेम, सेवा, समर्पण और संवेदनाओं की मिठास को पितृसत्ता ने खारे पानी की बर्फ में जमा दिया है।

उपन्यास का शिल्प बदल रहा है अब कथा का निर्वाह, पात्रों के चरित्र का उद्घाटन या इसी तरह का परम्परागत उपन्यास शिल्प अब परिवर्तित हो रहा है। नायक–नायिका के चित्रण स्थान पर अब उपन्यासकार समय की विद्रूपता से साक्षात्कार करता कराता है। एक विमर्श पैदा करता है। जया जादवानी ने भी 'मिठो पाणी खारो पाणी' में इतिहास को वर्तमान की भूमि पर परखा है। इसमें एक ओर ऐतिहासिक सांस्कृतिक गाथा है तो दूसरी ओर यह स्त्री के अस्तित्व और अस्मिता की पहचान का गीत भी है।

4

फागुन के दिन चार

मेरे हिसाब से तो ऋतुएं दो ही हैं एक शरद और दूसरी बसंत। हालाँकि हिसाब में मैं हमेशा से ही कमज़ोर रही हूँ इसलिए मेरे जीवन का गणित भी थोड़ा गड़बड़ ही है परन्तु जीवन गणित तो नहीं, जोड़–घटाव तो नहीं, हाँ! योग–वियोग जरूर है। चलिए छोड़िए! ये भी कहाँ की ले बैठे, जिसे शरद और वसंत प्रिय हो वो तो वैसे भी अव्यावहारिक ही होता है। शरद और वसंत दोनों ऋतुएं संधिकाल पर हैं एक वर्षा को विदा देती और शीत का स्वागत करती शरद ऋतु, ज्योत्स्ना फैलाती, मन को मुक्त करती 'समय आव सुन्दरी सरद, काहि न करति अनंद' और दूसरी है वसंत ऋतु सरसों के पीले फूलों पर सवार, शीत को, ठिठुरन को विदा देती फगुनाहट से भरी, ग्रीष्म के ताप से पूर्व आनंद और उल्लास की ऋतु। आम में बौर आए नहीं कि बौरा उठता है वसंत। वसंत पंचमी से ही वसंत का आगमन पूरे ठाठ से होता है सब कुछ और का और हो जाता है –

औरें रति, औरें रंग, औरें साज, औरें संग
औरें बन, औरें छन, औरें मन ह्वै गये।।

वसंत में आगमन के साथ सबसे पहले होता है संयम और विवेक की देवी वीणापाणि माँ सरस्वती का आराधन। मादकता से भरी यह

ऋतु सबसे पहले विवेक का पाठ पढ़ाती है क्योंकि इस समय अपने पंचशर लिए बैठा है कंदर्प भस्मीभूत होकर भी, अनंग होकर भी अंगों (इन्द्रियों) पर मार करने से नहीं चूकता। आम्र मंजरी से शुरु होकर नीम के फूलों की तुर्श मादक महक तक अपना विस्तार फैलाए है यह। पलाश के दहकते फूलों से आरंभ होकर धरती पर अंगार बिखेरती ग्रीष्म ऋतु में खिलते गुलमुहर को अपना दायित्व सौंपता है यह वसंत। इस वसंत के एक छोर पर है सरस्वती पूजन और दूसरे छोर पर है सारी मर्यादाएं, सीमाएं, वर्जनाएं तोड़ता होलिकोत्सव, फागोत्सव। हजारी प्रसाद द्विवेदी जी ने वसंत पर खूब लिखा है, वे लिखते "पुराने ग्रंथों से पता चलता है कि फागुन से आरंभ करके चैत के महीने तक वसंतोत्सव कई प्रकार से मनाया जाता है।" वसंत. ऋतु को वे मादक उत्सवों का काल भी कहते हैं 'समूचा वसंत काल नाच, गान और काव्यालाप से मुखर हो उठता है। आज सबसे अधिक आकर्षक उत्सव होली का है।'

होली........होली रंगों का, उमंगों का पर्व, नगर से लेकर ग्रामांचलों तक फैला फागोत्सव, जनजातियों का विशिष्ट त्यौहार, मालवालांचन का भगोरिया, प्रणय और प्रेम का उत्सव, वैश्विक परिदृश्य पर इसके आसपास ही है प्रेम का पर्व 'वेलेंटाइन डे'।

वैसे अब त्यौहारों का रूप बदल गया है, सब ग्लोबल हो गये हैं, ऑन लाइन हो गये हैं, वॉट्सएप के मैसेज हो गये हैं, न उनमें स्नेह की गंध है, न संवेदनाओं की गरमाहट, न अपनेपन की आँच है, न अपनों का आशीष बस उन्मुक्तता और मनमानापन....अरे....रे...रे...फिर वही पुराने का रोना चलो छोड़ें, साहित्य में होली के रंग देखते हैं। साहित्य में वसंतोत्सव में होली का चित्रण मिलता है। प्रकृति में बिखरे वासंती रंगों को देखकर ही कवि पद्माकर ने लिखा होगा–

वीथिन में, ब्रज में, नवेलिन में वेलिन में
बातन में बागन में, बगरो वसंत है।

और निराला जिनकी प्रिय ऋतु वसंत ही है, ने तो प्रकृति के रंगों से होली के रंग लिए हैं–

केशर की कलि की पिचकारी
पात – पात की गात संवारी

साकेतकार मैथिलीशरण गुप्त ने कोयल की बोली में होली का आह्वान किया है–

काली–काली कोईल बोली
होली – होली – होली

परन्तु कोयल की यही बोली विरहिणी के लिए पीड़ादायक हो जाती है इसीलिए वह कह उठती है–

कारी कूर कोकिल कहाँ को बैर काढ़ती री।
कूकि कूकि अब करेजो किन कोरि ले।

निराला इस निराली ऋतु के लिए उल्लसित हो कहते हैं –

फागुन का फाग मचे फिर
गावें अलि गुंजन – होली
हँसती, नव हास रहें घिर
बालाएं डाले रोरी।

होली की चर्चा हो और हमारे कृष्ण कन्हैया का ज़िक्र न हो यह तो संभव ही नहीं। होली ही तो वह पर्व है जब सार्वजनिक रूप से प्रणय निवेदन किया जा सकता है तो भला गोपियाँ भी क्यों पीछे रहती–

हरि संग खेलनि है सब फाग।
इहिं मिस करति प्रगट गोपी, उर – अंतर को अनुराग।

डफ, बाँसुरी, मृंदग की धुन पर गोपियाँ संकोच छोड़ कर अनुराग व्यक्त करती हैं और–

छाड़ि सकुच सब देति परस्पर, अपनी भाई गारि।

ब्रज की होली तो है ही प्रसिद्ध कवि रसखान की वाणी में भी वही उल्लास है–

फागुन लाग्यों जब तैं तबतें ब्रजमण्डल में धूम मच्यौ है।
नारि नवेली बचैं नहिं एक बिसेख, यहै सबै प्रेम अच्यौ है।
सांझ सकारे वहि रसखानि सुरंग गुलाल ते खेल रच्यौ है।
कौ सजनी निलजीं न भई अब कौन भटु बिंहि मान बच्यौ है।

भक्ति काल में कवियों ने फागुन और होली को लौकिक के साथ आध्यात्मिक रंग भी दिया है। मीराबाई एक ओर कहती हैं–

रंग भरी राग भरी राग सूं भरी री
होली खेल्यो स्याम संग रंग सू भरी री।

दूसरी ओर वे कहती हैं–

फागुन के दिन चार होली खेल मना रे
बिन करताल पखावज बाजै अणहद की झणकार रे।

सच है फागुन के आनंद, उल्लास के दिन चार ही होते हैं जिनमें डूब कर आदमी अपना विवेक भी खो देता है और संयम भी। फिर तो पश्चाताप के सिवा कुछ भी शेष नहीं रह जाता। होली है ही ऐसा पर्व होलिका दहन के साथ बुराइयों के दहन को इंगित करता है और रंगों से सराबोर कर ऊँच–नीच, गोरे–काले, सफेद–स्याह का भेद भी मिटाता है, मन के विकारों का, कुण्ठाओं का विरेचन भी है और जीने की कला भी है यह होली पर्व।

5

नयी कविता में उत्तर रामचरित

आदिकाल से अद्यतन काल तक राम, रामचरित और रामायण का मिथक भारतीय साहित्य में अक्षुण्ण बना हुआ है। आदर्श का पर्याय है राम। सत्यं शिवं सुन्दरम का प्रतीक ही नहीं प्रतिमान है राम, राम का व्यक्तित्व। ऐसे आदर्श, उदात्त, गरिमापूर्ण चरित्र पर कुछ आरोप भी हैं– बालि वध, सीता निष्कासन और शंबूक वध। बालि वध पूर्व रामचरित है तो राज्याभिषेक के पश्चात् अर्थात् उत्तर रामचरित सीता निष्कासन और शंबूक वध है। राम जैसे आदर्श चरित्र द्वारा गर्भावस्था में सीता का निष्कासन और तपस्वी शंबूक का वध उन पर प्रश्न चिह्न लगाता है।

संस्कृत कवि वाल्मीकि, भवभूति और कालिदास ने उत्तर रामचरित में सीता की पीड़ा वेदना, व्याकुलता को अभिव्यक्त किया। हिन्दी में रामकाव्य के आधार पुरुष तुलसीदास ने उस प्रसंग को स्पर्श नहीं किया। राम रूपी स्वाति का प्रेमी यह चातक भला कब उसमें खोट देखता जो राम के खरेपन पर कभी संदेह ही नहीं कर सकता। गुप्त जी ने भी परम्परा का निर्वाह किया। निराला ने 'अन्याय जिधर है, उधर शक्ति' कहकर राम को साधारण मानव के धरातल पर उतारा, 'परंतु एक मन जो हारा नहीं' कहकर उसके उदात्त रूप की रक्षा भी की।

नयी कविता में नरेश मेहता, भारतभूषण अग्रवाल एवं जगदीश गुप्त ने उत्तर रामचरित की पड़ताल की है। नरेश मेहता का 'प्रवाद पर्व, भारतभूषण अग्रवाल की काव्य नाटिका 'अग्निलीक' एवं जगदीश गुप्त की लंबी कविता 'शंबूक' में राम की परम्परागत एवं परम्परा से हटकर छवि की प्रस्तुति की गई है।

प्रवाद पर्व श्री नरेश मेहता की आपात काल के गर्भ से प्रसूत रचना है जिसमें कवि ने व्यक्ति और प्रशासक या लोक बनाम राजतंत्र की समस्या पर प्रश्न चिह्न लगाया है। क्या राजतंत्र जनता से अधिक महत्वपूर्ण है। युगीन परिस्थितियों के परिप्रेक्ष्य में कवि ने इन समस्याओं को उठाया है। तत्कालीन प्रधानमंत्री इंदिरा गांधी ने 26 जून 1975 को देश पर आपातकाल थोप दिया था और अभिव्यक्ति की स्वतंत्रता पर अंकुश लगा दिया था। क्या यह उचित था ? या एक साधारण धोबी द्वारा सीता के चरित्र पर लांछन लगाने पर उसकी बात को उचित ठहराते हुए सीता का निष्कासन उचित था ? इन्हीं प्रश्नों को उठाया है प्रवाद पर्व में। 'प्रवाद पर्व' एक उदात्त गरिमापूर्ण रचना है। जिसे कवि ने पांच खंडों–इतिहास और प्रति इतिहास प्रति, इतिहास और तंत्र, शक्ति एक संबंध, एक साक्षात, प्रति इतिहास और निर्णय तथा निर्वेद विदा में विभाजित किया है।

प्रथम खंड 'इतिहास, प्रति इतिहास' में धोबी द्वारा सीता के चरित्र पर उठाए गए प्रवाद से उत्पन्न राम का चिंतन है। साथ ही आपात काल में निरंकुश शासन के प्रति प्रश्न भी है। राम का प्रश्नाकुल व्यक्तित्व प्रत्यंचवत् उभर आया हैं।[1] भाग्य और कर्म का द्वंद्व उभरा है। राम प्रश्न करते हैं–

क्या यही है मनुष्य का प्रारब्ध ? कि
कर्म
निर्मम कर्म
केवल असंग कर्म करता ही चला जाए।[2]

एक अनाम तर्जनी के उठने से सब कुछ उथल–पुथल हो जाता है खास तौर पर एक साधारण व्यक्ति के द्वारा जब सत्ता पक्ष पर राजतंत्र पर राजशक्ति पर प्रश्न चिह्न लगाया जाता है तो साधारण जन को कुचल दिया जाता है और राजशक्ति की विजय होती है, पंरतु यहां राजशक्ति के प्रतीक राम हैं वही राम नहीं जो तुलसी के मर्यादा पुरषोत्तम है, और निराला के 'अन्याय जिधर है उधर है शक्ति, बल्कि ये राम पूछते हैं–

क्या अधिकार केवल राज्य राजपुरुषों या
इतिहास पुरुषों के ही होते हैं ?
अनाम साधारण जन के कुछ नहीं होते राम ?[3]

ये राम रावण से सीता की मुक्ति के लिए व्याकुल राम नहीं है, ये राम 'तजि बाप को राज बटाउ की नाई' वाले त्यागी राम भी नहीं है, बल्कि ये राम प्रजा के संरक्षक, पालक उनके मौलिक अधिकारों के प्रति जागरूक राम हैं–

यदि एक अनाम साधारण की तर्जनी ने
सीता के चरित्र पर
प्रश्न चिह्न लगाया है तो
उसे किसी राजाज्ञा के द्वारा
इतिहास हीन बना देने की अपेक्षा
उस अनाम साधारण जन के
इस वाणी हीन प्रति
इतिहास के सम्मुख
अपनी विधि मण्डित
ऐतिहासिकता की परीक्षा दो राम।[4]

राम ने राजतंत्र और लोकतंत्र की तुलना करते हुए धोबी की आक्षेप हेतु उठी तर्जनी को नकारा नहीं है, बल्कि राजपुरुषों के अधिकारों के समकक्ष उसके अधिकार भी स्वीकारे हैं। राजा या रक्षक को इतिहास तलवार से नहीं, सहृदयता से लिखना होगा।

इतिहास
खड्ग से नहीं
मानवीय उदात्तता से लिखा जाना चाहिए।[5]

यहां राजा राम का अन्तर्द्वंद है, शासक के रूप में वे चिंतक की मुद्रा में भी हैं। राजा के रूप में शासक के कर्तव्य का निर्धारण और जनता के अधिकारों का बोध भी है।

द्वितीय 'खंड प्रति इतिहास और तंत्र' में साधारण जन और सत्ता पक्ष के कर्तव्यों और अधिकारों पर चिंतन है। साधारण जन और शासक वर्ग के अधिकारों में अंतर क्यों? क्यों सीता और साधारण स्त्री की पीड़ा समान नहीं? सीता की अवमानना और साधारण स्त्री की अवमानना समान नहीं?

राज्य की यह आतुरता
कर्मठता
केवल सीता
या हमारे ही लिए क्यों ?
क्यों नहीं
जंगल में लकड़ियाँ बीनने वाली
असहाय
अनाम नारी के लिए
यह तुम्हारी सर्वसत्तात्मक
राजशक्ति तत्पर होती ....[6]

भरत, लक्ष्मण एवं मंत्री उत्पन्न परिस्थिति पर विचार करते हैं और राम जनता की अभिव्यक्ति को सर्वोपरि मानते हुए कहते हैं–

गूंगेपन से कहीं श्रेयस है
वाचालता।
जिस दिन
मनुष्य अभिव्यक्ति हीन हो जाएगा
वह सबसे अधिक
दुर्भाग्य पूर्ण दिन होगा।[7]

अभिव्यक्ति की स्वतंत्रता का दमन राजसत्ता के प्रति विद्रोह को पैदा करता है। चाहे वह रावण हो या आपात काल की घोषणा करने वाली इंदिरा गांधी। रावण जो महान पंडित किन्तु तपस्या से अर्जित शक्तियों के कारण निरंकुश हो गया था, 'रावण से बड़ा इतिहास पुरुष कोई था लक्ष्मण' के प्रश्न के साथ रावण के गुणों और सत्ताधीश होने के कारण निरंकुशता के दुर्गुणों से उसके विनाश को राम ने प्रस्तुत किया है।

रावण जो महान देवी और मानुषी देव सिद्धियों से सम्पन्न था, दिकपाल, देवता, नर, किन्नर उस के सम्मुख सब नत मस्तक थे। जनता की आवाज रावण की सत्ता तले दब गई थी।

राजाओं के विराट
भयातुर मौन में आबद्ध
एक अकेला स्वर्ण सिंहासन
और उस पर
राज्यभय के
एकमात्र स्वर्ण प्रतीक सा बैठा हुआ
शक्ति का महाउपासक
एक सम्राट[8]

कदाचित इसी कारण राम न्याय को समदर्शी के साथ तत्वदर्शी होने की बात भी कहते हैं। राज्य और राजपुरुष के कर्तव्यों के निर्धारण के साथ वे ये भी कहते हैं कि रावण से युद्ध हमने सीता की मुक्ति के लिए नहीं किया था, न ही नर, किन्नर, और वानरों ने इस पारिवारिक या वैयक्तिक युद्ध के लिए सहयोग दिया था बल्कि –

अनाम लोगों और
भयातुर प्रताड़ित प्रजा ने
अपने स्वत्व
स्वाधीनता अभिव्यक्ति और
जीवन मूल्यों तथा आदर्शों के लिए
प्राणार्पण किया था,
एक चक्रवर्ती के विरूद्ध
साधारणता ने
युद्ध का आह्वान किया था।[9]

राम आम आदमी की अभिव्यक्ति को अत्यंत महत्वपूर्ण मानते हुए मनुष्य के बोलने के अर्थ को सृष्टि की बंशी भाषण कहते हैं। और सीता बनाम धोबी के प्रवाद को निर्वेद की अनासक्त भूमि पर खड़े होकर हल करना चाहते हैं–

किसी के भाग्य का निर्णय
आसक्त या पक्षधर बनकर नहीं
बल्कि
निर्वेद की भूमि पर खड़े होकर ही
न्याय
निर्णय
सबका अधिकार प्राप्त किया जा सकता है।[10]

'शक्ति एक संबंध एक साक्षात', में कवि ने इतिहास पुरुष राम तथा सीता के वार्तालाप के माध्यम से राम एवं सीता के दाम्पत्य को राजा के कर्तव्यों का अनुगामी ही बताया है। राजा जनता के लिए ही होता है, उसकी वैयक्तिक समस्याएं, निष्ठाएं नहीं होतीं। सीता कहती है–

आप में कब वैयक्तिता थी आर्यपुत्र?
किस दिन हमने नितांत वैयक्तिक जीवन जिया ?
इतिहास ने
यज्ञ–पुरुष को कब एकांत दिया ?[11]

कैकयी के वरदान को पूर्ण करने में असमर्थ दशरथ के असमंजस को राम दूर करते हैं और वनगमन को तत्पर हो जाने है। 'प्रवाद पर्व' में भी नरेश मेहता ने परम्परा का निर्वाह करते हुए यहां राम के असमंजस को सीता इन शब्दों में दूर करती हैं–

यदि सभासद
मंत्री और आपके बंधु
उसके साथ अन्याय कर रहे हों,
तो आपको
मुझे और
इस राज्य को भी त्याग कर
उस अकेले व्यक्ति के पक्ष का समर्थन करना चाहिए।[12]

'प्रति इतिहास और निर्णय 'इस काव्य कृति का चतुर्थखंड है। इस खंड में, दरबार में धोबी के द्वारा सीता के चरित्र पर लगाए आक्षेप के फलस्वरूप निर्णय लिया जाना है। न्याय करना है राम सीता की अग्नि परीक्षा के संबंध में यह कहते हैं कि केवल सीता ने ही नहीं समय–समय पर अन्य लोगों ने भी अग्नि परीक्षा दी है। किसी साधारण जन का अधपेट खाकर रह जाना भी अग्नि परीक्षा है और

राजा दशरथ, लक्ष्मण, भरत, तीनों माताओं एवं उर्मिला, माण्डवी ने भी अग्नि परीक्षा दी है–

उस अनाम साधारण जन के आग्रह का उत्तर
सीता
त्याग के उदात्त चरित्र के तथा
निस्पृह सौम्यता के
प्रति आग्रह द्वारा ही दे सकती है;
अतः कल सूर्योदय के साथ ही
सीता
वनवास के लिए प्रस्थान करेगी।
वनवास काल में
वह किसी भी राजकीय पद
मर्यादा सुविधा और सुरक्षा की अधिकारिणी नहीं होगी;
और सीमांत तक
लक्ष्मण उनके रथ का सारथ्य ग्रहण करेंगे।[13]

अंतिम खंड 'निर्वेद विदा' में सीता की मार्मिक विदाई है। आसन्न मातृत्व की स्थिति में सीता का त्याग, निर्वासन अमानुषी आचरण है ऐसा आचरण तो कोई बधिक भी नहीं करता है। ऐसा आचरण किसलिए?

राज्य के लिए।
परंतु तुम ने राज्य कब किया राम ?
जीवन भर वनवास ही तो किया।

व्यक्ति जब इतिहास पुरुष बनता है तो ऐसी त्रासदी अनिवार्य होती है। प्रवाद पर्व के राम तुलसी के राम के आगे की कड़ी है। तुलसी के राम माता–पिता के वचन का निर्वाह करने वाले, आदर्श पुत्र,

भ्राता, सखा, सरंक्षक, सहृदय, उदार, उदात्त, गरिमामय वीर, सुदर्शन राम हैं। 'प्रवाद पर्व' के राम आदर्श शासक हैं। उनकी दृष्टि में प्रजा सर्वोपरि है। नरेश मेहता ने 'प्रवादपर्व' में राम के आदर्श शासन को इंदिरा गांधी के स्याह शासन आपातकाल की काली पृष्ठ भूमि पर उजले शासन के रूप में प्रस्तुत किया है।

तुमने राज्य कब किया राम ?
जीवन भर वनवास तो किया।

राज्य के प्रति अनासक्ति जहां प्रवाद पर्व का मूल मंतव्य है वहीं भारत भूषण अग्रवाल द्वारा रचित 'अग्नि लीक' के राम महत्वाकांक्षी, राज्य लोलुप हैं, जहां आपातकाल के अंधेरे पर प्रवाद पर्व, प्रकाश किरण है वहीं, 'अग्निलीक' के राम और उनका राज्य महत्वाकांक्षी प्रधानमंत्री इंदिरा गांधी और उनके युग का लेखा जोखा है।

'अग्निलीक' में कुल तीन दृश्य हैं। प्रथम दृश्य में आम नागरिक के माध्यम से द्वितीय दृश्य में आदिवासी चरण के माध्यम से और तीसरे तथा अंतिम दृश्य में सीता के माध्यम से राम के व्यक्तित्व पर प्रश्न चिह्न लगाए हैं। उन्हें महत्वांकाक्षी राज्य लोलुप बताया है। प्रथम दृश्य में रथवान का कथन है–

मेरा दुःख यही है
कि मैं राम की प्रजा हूं।

वह कहता है कि राम ने सीता का त्याग राज्य के लिए किया है–

जिन राम ने कभी
सत्य के लिए राज्य ठुकराया था
उन्हीं ने बाद में
राज्य के लिए सत्य ठुकरा दिया[16]

सीता के निर्वासन से देश की लक्ष्मी देश से चली गयी, देश में महामारी, भूख और सूखा भी सीता का श्राप है।

दूसरा दृश्य–

आश्रम में सीता एक साधारण अनाम स्त्री की तरह निवास कर रही हैं। निर्वासन के 16 वर्ष पश्चात आश्रम में सीता और राजा राम के दिग्विजय अभियान का समय । सीता यहां युगीन भारतीय नारी के समान ही प्रश्नाकुल है, राम एवं राम राज्य पर प्रश्न चिह्न लगाती है। वह राम के दिग्विजय अभियान को व्यर्थ एवं धन, जन और बल का अपव्यय मानती है और कहती है–

तुम्हें दिग्विजयी नहीं आत्मजयी बनना है
तुम्हें राजो–महाराजो को नहीं
अपने ही अधीन
क्षुद्र दृष्टि और लोलुप पंडितों और वानरों को बस
में करना है।[16]

तीसरा दृश्य–

पिछले दृश्य में सीता गुरूदेव के प्रति प्रश्नाकुल है। वह गुरूदेव से प्रश्न करते हुए नारी के शोषण उत्पीड़न दलन के लिए पुरुष समाज को उत्तरदायी मानती है

इस संसार में नारी कितनी अकेली है,
उसके दुःख भी आंसू है
उसका क्रोध भी।[17]

सीता सनातन नारी की तरह पति के कार्य एवं व्यवहार को शिरोधार्य नहीं करती बल्कि आधुनिक नारी की तरह प्रश्न करती है, आरोप और आक्षेप लगाती है, दोषारोपण करती है। रघुवंशियों के प्रति

बिल्कुल नयी सोच है यहाँ रघुवंशी त्यागी नहीं राज्य लोलुप है। राम राज्य लोलुप है।

इनके ध्यान में तो हर समय अयोध्या ही रहती थी
इनका मन राज्य की ही अधेड़ बुन में उलझा था।

सीता की शिकायत है कि राम के हृदय में पत्नी प्रेम है ही नहीं–

दिन रात आठों पहर बस इन्हें एक ही धुन थी;
राज्य, राजनीति, संग्राम; विजय।
सोते–जागते हर पल ये राजा ही बने रहे
कभी प्रेमी नहीं बन पाए।[18]

इसी कारण सीता के मन में विद्रोह जाग उठता है और वह आधुनिक नारी की तरह कह उठती है–

राम ने मुझे बहुत पहले ही छोड़ दिया था
आज मैं भी राम को छोड़ती हूं।
अब मैं स्वतंत्र हूं, मुक्त हूं
अपने आप में पूर्ण हूं,
आप अपनी निर्देशिका, आप अपनी कर्त्री, और आप
अपनी भोक्ता हूं।

साथ ही यह भी कहती है–

हाय जिसका स्थान सोने की प्रतिमा ले सकती है
उसके जीने का प्रयोजन ही क्या है।[20]

सीता धरती में समा जाती है और अन्त में राम का आत्मालाप है पश्चाताप है। राम मर्यादा पुरुषोत्तम राम और सती सीता को यहाँ साधारण मनुष्य के रूप में चित्रित किया है।

राम पर आरोप और आक्षेप युगीन प्रभाव है युगीन प्रभावों को ग्रहण उत्तर रामचरित के एक और महत्वपूर्ण पात्र शंबूक को अपना नायक बनाकर जगदीश गुप्त ने अपना खंडकाव्य 'शंबूक' रचा है। जगदीश गुप्त ने इसकी भूमिका में इसे 'खंडकाव्य 'नहीं लघु काव्य' की संज्ञा दी है। 'शंबूक को मैं खंडकाव्य की जगह लघुकाव्य कहना अधिक पंसद करूंगा, क्योंकि खंडकाव्य शब्द मेरे मन को किसी टूटी हुई वस्तु का बोध कराता है।[21]

वर्ण से होगा नहीं अब त्राण।
कर्म से ही मनुज का कल्याण।।[22]

आठ सर्गों में विभक्त इस खंडकाव्य में शूद्रमुनि शंबूक की कथा को नये संदर्भों में कवि ने प्रस्तुत करते हुए वर्ण व्यवस्था पर प्रश्न उठाए हैं।

शंबूक जहां शूद्र जाति के शोषण और दलन का प्रतिनिधि है वहीं जगदीश गुप्त के अनुसार, नयी कविता के आंदोलन काल के नये मनुष्य का भी प्रतिनिधि है। स्वयं जगदीश गुप्त ने भूमिका में लिखा है–

"नया मनुष्य रूढ़ि–ग्रस्त चेतना से मुक्त; मानव मूल्य के रूप में स्वातन्त्र्य के प्रति सजग अपने भीतर आरोपित सामाजिक दायित्व का स्वतः अनुभव करने वाला, समाज को समस्त मानवता के हित में परिवर्तित करके नया रूप देने के लिए कृत संकल्प, कुटिल स्वार्थ भावना से विरत, मानव मात्र के प्रति स्वाभाविक सह–अनुभूति से युक्त, संकीर्णताओं एवं कृत्रिम विभाजनों के प्रति क्षोभ का अनुभव करने वाला, हर मनुष्य को जन्मतः समान मानने वाला, मानव व्यक्तिव को उपेक्षित, निरर्थक और नगण्य सिद्ध करने वाली किसी दैविक शक्ति या राजनैतिक सत्ता के आगे अनवनत, मनुष्य की अंतरंग सद्वृत्ति के प्रति आस्थावान, प्रत्येक के स्वाभिमान के प्रति सजग, दृढ एवं संगठित अन्तःकरण संयुक्त, सक्रिय किन्तु अपीड़क, सत्यनिष्ठ तथा विवेक

सम्पन्न होगा।[23] उक्त विशेषताऐं शंबूक में भी दिखाई देती हैं। वर्ण व्यवस्था पर प्रश्न करना इस काव्य का मूल स्वर है—

सभी पृथ्वी पुत्र हैं तब जन्म से
क्यों भेद माना जाय
जन्मजात समानता के तथ्य पर
क्यों न माना जाए।[24]

शंबूक के माध्यम से उठाए गए प्रश्न लोकतांत्रिक व्यवस्था की वास्तविकता को प्रस्तुत करते हैं। राम का समानता बोध यही है क्या कि शूद्र द्वारा तप को अधम मानकर उसका वध किया जाए। ऐसी व्यवस्था को तो समाप्त हो जाना चाहिए—

जो व्यवस्था
व्यक्ति के सत्कर्म को भी
मान ले अपराध
जो व्यवस्था
फूल को खिलने न दे
निर्बाध
वह विषम
घातक व्यवस्था शीघ्र ही हो
अस्त[25]

राम जो लोकनायक के रूप में प्रतिष्ठित हैं शंबूक उन्हें लोकनायक नहीं दंडनायक रूप में प्रतिष्ठित करता है—

लोकनायक वह नहीं
जो विधि—अविधि की
बात करने से डरे
बस,
दंडनायक भूप हो।[26]

शंबूक में जहां कवि ने युगीन वर्ण व्यवस्था में, शूद्रों के साथ हुए दुर्व्यवहार का वर्णन किया है वहीं युगीन व्यवस्था पर व्यंग्य भी किया है। सरकार की कागजी योजनाओं पर करारा व्यंग्य करते हुए वनदेवता राम से कहते हैं–

आयोजनों तक योजनाएं
यदि पहुंच पायी नहीं
भूखे जनों तक योजनाएं
पर्वतों, नदियों, पठारों
निर्जनों तक योजनाएं
ये निरक्षर वन्य पिछडे लोग
सहते रहें कब तक योजनाएं
अधमरे ये कहां तक
संतोष को खाएं चबाएं[27]

शंबूक ने राम को कटघरे में खड़ा कर न केवल शोषण के विरूद्ध आवाज उठाई बल्कि सीता निष्कासन पर भी व्यंग्य किया है–

स्नेह था तो छोड़ देते–
राम तुम भी राज्य
क्यों हुआ केवल
तुम्हारे हेतु सीता का त्याज्य[28]

समग्रता से अवलोकन करने से यह सिद्ध होता है कि डॉ. जगदीश गुप्त एक सजग कवि हैं। उनकी समर्थ और प्रबुद्ध रचना दृष्टि से प्रस्तुत काव्य का एक नया मानदंड स्थापित करता है। कवि ने अपनी बहुआयामी रचना शीलता से युग धर्म तथा आधुनिकता को प्रखर बना दिया है। कवि का यह शंबूक, कथ्य की दृष्टि से आधुनिक कविता के दौर में एक महत्वपूर्ण कीर्तिमान है।

7

संपर्क भाषा हिन्दी और मीडिया

"भाषा मनुष्य का एक प्राणवान संस्कार है, मनुष्य भाषा का निर्माण करता है और भाषा मनुष्य का"[1] पं. नेहरू के भाषण का अंश। भाषा आदमी की पहचान है, भाषा ताकत है, भाषा ही है जो उसे सामाजिक बनाती है। संवेदनाएं, भावनाएं सुख–दुःख, राग–विराग, प्रेम–घृणा, क्रोध–करुणा सभी अनभिव्यक्त ही रह जाते यदि मनुष्य के पास भाषा न होती। भाषा अनिवार्य ही नहीं अपरिहार्य है। भाषा राष्ट्र को जोड़ती है, तोड़ती है संकीर्ण राजनीति, किन्तु भाषा बहता नीर है, बहती भाषा बाहरी भाषाओं या अन्य भाषाओं की बाढ़ हो या शुद्धतावादियों का सूखा हो अपने आप को बचा लेती है, पूरी ताकत से अस्तित्व को कायम रखती है। हां, इस प्रयत्न में उसमें कुछ परिवर्तन होते हैं परन्तु यही अंततः भाषा की संप्रेषण क्षमता में अभिवृद्धि करते हैं और भाषा को संपर्क हेतु सक्षम बनाते हैं।

भारत की आधुनिक भाषाओं में हिन्दी ही सच्चे अर्थ में सदैव भारतीय भाषा रही है, क्योंकि वह निरन्तर भारत की एक समग्र चेतना को वाणी देने का प्रयास करती रही है।"[2] और सभी भाषाओं में प्रदेश बोला है – कई बार बड़े प्रभावशाली स्वर में बोला है; हिन्दी में आरंभ से ही देश बोलता रहा है, भले ही कभी–कभी कमजोर स्वर में बोला है।"[3] भारत एक बहुभाषी राष्ट्र है। भारत में 1971 की जनगणना के

अनुसार 1652 भाषाओं की गणना की गई थी। संविधान द्वारा स्वीकृत 22 भाषाएं हैं। प्रारंभ में संविधान में 14 भाषाओं को स्वीकार किया गया जिनके नाम हैं– असमी, बंगाली, गुजराती, हिन्दी, कन्नड़, कश्मीरी, मलयालम, मराठी, उडिया, तमिल, तेलगु, संस्कृत एवं उर्दू बाद में सिंधी को भी सम्मिलित किया गया। अगस्त 1992 में हुए 71वें संशोधन के अनुसार कोंकणी, मणिपुरी व नेपाली के सम्मलित होने से 18 भाषाएं हो गईं। 92वाँ संशोधन, जो 2003 में हुआ उसके अनुसार चार और भाषाएं बोड़ो, डोगरी, मैथिली और संथाली आठवीं अनुसूची में शामिल हो गई। इस तरह वर्तमान में 22 क्षेत्रीय भाषाएं स्वीकृत है।

हिन्दी भाषा में संपर्क भाषा होने की अभूतपूर्व क्षमता है। अन्य भारतीय भाषाओं और अंग्रेजी के समक्ष हिन्दी ही है जो भारतीय जनमानस के सवसे निकट है। 2001 की जनगणना में विदेशी भाषा अंग्रेजी भारतीय क्षेत्रीय भाषाओं से कोसों आगे है केवल एक भाषा जो अंग्रेजी से आगे है वह है हिन्दी। देश के 55 करोड़ लोग हिन्दी बोलते या समझते हैं। उनमें हिन्दी 42 करोड़ लोगो की प्रथम भाषा, 9 करोड़ लोगों की द्वितीय भाषा और 3 करोड़ लोगों की तृतीय भाषा है। भारत के 28 राज्यों में से 9 राज्यों मध्यप्रदेश, उत्तर प्रदेश, बिहार, राजस्थान, हिमाचल प्रदेश, हरियाणा है ही भारत की राजधानी और दिल्ली की भाषा भी हिन्दी है। दक्षिण भारत में यद्यपि हिन्दी का थोड़ा कम प्रचलन है परन्तु महाराष्ट्र, गुजरात में तो हिन्दी का संपर्क भाषा के रूप में प्रयोग हो ही रहा है। इसके अतिरिक्त उत्तर पूर्व राज्यों में भी हिन्दी का प्रचलन बढ़ रहा है मिजोरम, शिलांग, जोरहाट, उत्तर लखीमपुर तक हिन्दी में संवाद कायम है। कहा जा सकता है कि संपूर्ण भारत में हिन्दी सम्पर्क भाषा के रूप में सहज स्वीकृत है और हिन्दी की इस व्यापकता में मीडिया का बहुत बड़ा हाथ है।

मीडिया और संपर्क भाषा हिन्दी "मीडिया ने हिन्दी को नया जीवन दान दिया है; उसको नई इकनामी दी है, एक बाजार दिया है।"[4]

प्रिन्ट मीडिया– भारत में इस समय हिन्दी में बड़ी संख्या में अखबार प्रकाशित हो रहे हैं। प्रिंट मीडिया के क्षेत्र में अंग्रेजी अखबारों को और क्षेत्रीय अखबारों को हिन्दी ने बहुत पीछे छोड़ दिया है। बीबीसी की एक रिपोर्ट के अनुसार, पिछली सदी के आखिरी दशक में हिन्दी के बड़े दैनिकों अखबारों की संख्या 181 थी। इन हिन्दी अखबारों की संख्या इस बात का प्रमाण है कि हिन्दी का पाठक समाज बढ़ रहा है। साधारण पढ़ा–लिखा व्यक्ति भी इन अखबारों से विषय जुटा लेता है और पढ़ने में उसकी रुचि बढ़ी है।

प्रिंट मीडिया की तुलना में इलेक्ट्रानिक मीडिया ज्यादा घरों में पहुंचा है और इसी कारण इसकी लोकप्रियता भी अधिक है, परन्तु हिन्दी के बगैर इसका गुजारा नहीं और जब इसका हिन्दी के बगैर गुजारा नहीं तो इसे राष्ट्रव्यापी हिन्दी का निर्माण करना पड़ा। ऐसी हिन्दी जो हिन्दी पट्टी की बोलियों के साथ हाथ में हाथ डाल कर चल सके। जो गुजराती, मराठी और बंगला संस्कृति और भाषा को भी बोलचाल की हिन्दी के साथ जोड़ सके। दिल्ली दूरदर्शन के एक चैनल कार्यक्रम तक तो हिन्दी औपचारिक भाषा बनी रही परन्तु जैसे ही बहुचैनलीय कार्यक्रम आरंभ हुए तो बोलचाल की भाषा भी प्रयुक्त होने लगी। इन पर प्रसारित होने वाले धारावाहिकों ने हिन्दी की बोलियों को भी प्रमुखता प्रदान की। हिन्दी जिसे 18 बोलियों का समूह कहा गया है किन्तु एक क्षेत्र या अंचल में रहने वाला दूसरे अंचल बोली से ज्यादा परिचित नहीं था। टीवी धारावाहिकों के कारण ही हिन्दी पट्टी के अतिरिक्त अन्य क्षेत्रों में भी अब भोजपुरी, राजस्थानी, हरियाणवी, ब्रज, अवधी बुंदेली को लोग जानने समझने लगे हैं। इसी तरह गुजराती, मराठी, बंगला भी भाषा और संस्कृति के स्तर पर जानी पहचानी लगने लगी है। उर्दू और पंजाबी तो पहले ही हिन्दी से जुड़ी हुई थीं। खबरिया चैनलों ने राजनीति, खेल, शेयर बाजार, खेती–किसानी, स्वास्थ्य, अपराध सभी समेट कर एक ऐसी भाषा ईजाद की जो ठेठ गांव में रहने वाले और दिल्ली, मुंबई में रहने वाले आम आदमी से

लेकर विशिष्ट आदमी तक अपनी बात पहुंचाने में सक्षम है। यही है हिन्दी का संपर्क भाषा रूप।

रीयलिटी शो ने भी हिन्दी के प्रचार–प्रसार में सहयोग दिया है या सिद्ध किया है कि हिन्दी बंगाल और आसाम में जानी जाती है विशेष रूप से इंडियन आयडल, सा रे गा मा जैसे म्यूजिकल शो में जब बंगाल, आंध्र और आसाम से आकर हिन्दी में सही उच्चारण के साथ गा सकते हैं या गाने का प्रयत्न करते हैं तो वह हिन्दी की ग्रहणशीलता ही है। रेडियो एफ.एम. के चलन से हिन्दी प्रसारण दिनभर जारी रहता है। हांलाकि इसकी भाषा कुछ खटकती जरूर है। बिग एफ.एम. का स्लोगन या सन्देश सूचक वाक्य है सुनो सुनाओ लाइफ बनाओ, रेडियो मिर्ची इट्स हॉट, आकाशवाणी, ये विविध भारती है, देश की सुरीली धड़कन। जहां बिजली नहीं है, लोग दिन भर घर या खेत में काम करते हैं या वे जो साधारण से काम करते हैं जैसे सिलाई, हलवाई किसी होटल में कप प्लेट धोते हैं, के लिए रेडियो दुनिया से जुड़ने का एक आसान साधन है और ये भी संपर्क भाषा हिन्दी को पोषित ही कर रहे हैं। एक ऐसी भाषा जो आई आई टी या तकनीकी संस्थानों की भी है और सुदूर ग्रामीण अंचल की भी है।

कम्प्यूटर और इन्टरनेट पर भी अब हिन्दी का प्रचलन दिन पर दिन बढ़ता जा रहा है। कम्प्यूटर पर तो यूनीकोड के माध्यम से हिन्दी और देवनागरी लिपि स्वीकृत हो ही गई है। हिन्दी ब्लॉग, पोर्टल और वेबसाइट भी इसका प्रमाण हैं कि हिन्दी संपर्क के योग्य है। ई–पेपर, ई–पत्रिका के अतिरिक्त धर्म, समाज, कला, साहित्य, पर्यटन, ग्रामीण आदि से संबधित लगभग 40 वेबसाइट हैं।

हिन्दी को जनभाषा और संपर्क भाषा बनाने में हिन्दी सिनेमा का भी बहुत बड़ा सहयोग है। मुंबइया हिन्दी या टपोरी हिन्दी तो सिनेमा के माध्यम से प्रचलित हुई ही नये मुहावरे जैसे जादू की झप्पी, आओ ठाकुर, ज्यादा बोलने की आदत तो है नहीं भी दिये। हिन्दी फिल्मी

– 'मुसाफिर जाएगा कहाँ' (गाइड) में जीवन से मोहभंग को अत्यंत सरलता से कह दिया –

कोई भी तेरी, राह न देखे
नैन बिछाये ना कोई
दर्द से तेरे कोई न तड़पा
आँख किसी की ना रोयी...........

– 'कहाँ जा रहा है तू ऐ जाने वाले' (सीमा) गीत में अंतरा है– अंधेरा है मन का, दिया तो जला ले

ये जीवन एक अंधा सफर है
बहकना है मुमकिन, भटकने का डर है
संभलता नहीं दिल किसी के संभाले।

यहाँ 'जाना' जीवन की सच्चाई और प्रेरणा है, प्रश्न उठा कर उसी में जवाब भी है।

यूँ शैलेन्द्र ने ऐसे भी गीत लिखे जिनमें सवाल है और जवाब भी है– 'एक सवाल मैं करूँ एक सवाल तुम/हर सवाल का जवाब ही सवाल हो' बड़ा रोचक बन पड़ा है तो 'नन्हे–मुन्ने बच्चे तेरी मुट्ठी में क्या है? और जवाब है 'मुट्ठी में है तकदीर हमारी, हमने किस्मत को बस में किया है।' में चुनौती है, संघर्ष की ताकत है। संघर्ष और जिजीविषा शैलेन्द्र के गीतों का मूल मन्त्र है। प्रगतिवादी विचारधारा से शैलेन्द्र प्रभावित थे। इसीलिए उनके गीत 'जिन्दगी की जीत' के गीत हैं। उनके गीतों में अभाव, भूख और मुफलिसी के बीच भी आशा, उम्मीद और आस्था वैसी ही दिखाई देती है जैसे – मोमबत्ती की लौ जो कांप तो रही है पर बुझी नहीं है। फिल्म 'ब्रह्मचारी' की लोरी को लें –

मैं गाँऊ तुम सो जाओ
सुख सपनों में खो जाओ

माना आज की रात है लम्बी
माना दिन था भारी
पर जग बदला बदलेगी
एक दिन तकदीर हमारी
उस दिन के ख्वाब सजाओ।

निराशा में अंधेरा नहीं आशा की उजास उनके गीतों में वैसी ही गुँथी होती है जैसे निराला सारे अंधकार में भी 'केवल जलती मशाल' कहकर अंधेरे से अपनी टक्कर लेते हैं–

देखिए यह गीत...........

छोटे से घर में गरीब का बेटा, मैं भी हूँ माँ के नसीब का बेटा
रंज–ओ–गम बचपन के साथी, आँधियों में जली जीवन बाती
भूख ने है बड़े प्यार से पाला, दिल का हाल सुने दिलवाला।

लोक कथा, लोक गीत, लोक बोली फिल्मों का उपजीव्य बने हैं बल्कि लोक ने अनेक स्थानों, फिल्मों को कालजयी भी बनाया है। शैलेन्द्र लोक के अच्छे जानकार थे। इसी कारण उन्होंने 'तीसरी कसम' फिल्म रेणु की आंचलिक कहानी पर बनाई और उसकी आंचलिकता को आघात पहुँचाए बगैर बनाई। इस फिल्म के गीतों में लोक का पूरी तरह निर्वहन कर उन्होंने गीत लिखे हैं– 'सजनवा बैरी हो गये हमार' 'चलत मुसाफिर मोह लिया रे, पिंजरे वाले मुनिया'। 'तीसरी कसम' तो आंचलिक कथा थी इसलिए यहाँ तो स्थानीय बोली आवश्यक थी ही परन्तु इसके अतिरिक्त भी पात्र और परिवेश के अनुरूप शैलेन्द्र ने लोक आधारित गीत रचे हैं। 'बंदिनी' के उस मार्मिक गीत में हर स्त्री जो बहन भी है, की पीड़ा को शैलेन्द्र ने इतनी सुन्दरता से शब्दबद्ध किया कि आँखे कब नम हो जाती हैं पता ही नहीं चलता, गीत है 'अब के बरस भेज भइया को बाबुल, सावन में लीजो

बुलाए रे।' और भी गीत हैं 'कैसो रे पापी बिछुआ', 'ओ पंछी प्यारे, सांझ–सकारे, बोले रे कौन सी तू बोली बता रे।'

शब्दों के जादूगर शैलेन्द्र के पास शब्दों का वो खजाना है कि विषय कोई भी हो वे इतने कम शब्दों में अपनी बात कह देते हैं कि सुनने वाला चमत्कृत रह जाता है। संसार की निस्सारता और क्षणभंगुरता को शैलेन्द्र ने कितने कम शब्दों में कह दिया है–

कहते हैं ज्ञानी दुनिया है फानी ?
पानी पे लिखी लिखाई।

ज्ञानी जैसे संस्कृत निष्ठ शब्द के साथ उर्दू के फानी की तुक कहीं भी खटकती नहीं है। 'दुनिया है सराय, रहने को हम आए' में बाजार से गुजरा हूँ खरीददार नहीं हूँ' का कबीराना भाव और 'सर्कस शो है तीन घण्टों का' में तो जिन्दगी का जिन्दगीनामा ही लिख दिया है।

बच्चों की दुनिया बहुत निराली होती है, वहाँ उनके सपने बहुत भोले होते हैं, जरूरतें थोड़ी होती है। उनके भोलेपन और उनकी जरूरतों को समझ कर उन्हीं की मासूम भाषा में शब्द देना सरल नहीं परन्तु इस काम को भी शैलेन्द्र ने बखूबी किया। माँ को रोज–रोज रोटी बनाते देख किसी भी नन्हे बच्चे के मन में ये ख्याल आना स्वाभाविक है और इसमें भी शैलेन्द्र ने कमाल किया है–

क्यों न रोटियों के पेड़ हम लगाएँ
आम तोड़ें रोटी तोड़ें
रोटी आम खा लें।

और 'नानी तेरी मोरनी को मोर ले गये' गीत तो गत आधी शताब्दी से भी ज्यादा समय से बच्चों की नेशनल एंथम बन गया है।

फिल्मी गीतकार मंचीय कवि की तरह तुरंत दाद नहीं बटोरता बल्कि उसके गीत जीवन देते हैं। पराजित मनोदशा में जिजीविषा

बनाए रखते हैं। फिल्मी गीतकार की भाषा में कैमरे की दृष्टि होना आवश्यक है, उसकी भाषा ऐसी हो कि दृश्य ही नहीं पात्र और पात्र का परिवेश उभर आए और ऐसे गीतकार हैं शैलेन्द्र जिन्होंने अपनी भाषा में न केवल चरित्र गढ़ा बल्कि परिवेश को गढ़ते हुए उन्होंने कालजयी गीतों का खजाना ही जनता के सामने खोल दिया है।

प्रवाद पर्व, अग्निलीक एवं शंबूक तीनों काव्य कृतियां राम के मिथकीय चरित्र का पुनरावलोकन हैं। प्रवाद पर्व आपातकाल की पृष्ठ भूमि पर राजा और प्रजा के संबंधों, कर्तव्यों, और अधिकारों, की पड़ताल है इसी कारण राम को एक आदर्श राजा और उनके राज्य को आदर्श राज्य के रूप में कवि नरेश मेहता ने उभारा है। धोबी यहां प्रजा का प्रतीक है। अग्निलीक में सीता को कवि ने उस नारी के रूप में चित्रित किया जो तमाम त्याग के बाद भी सम्मान नहीं पाती है, परिणाम स्वरूप वह विद्रोही हो जाती है और शंबूक आधुनिक वर्ण व्यवस्था पर प्रहार, शासन प्रणाली और लोकतंत्र के छिद्रों को उभारता है।

संदर्भ सूची

1. प्रवाद पर्व – नरेश मेहता – पृष्ठ 18।
2. प्रवाद पर्व – नरेश मेहता – पृष्ठ 19।
3. प्रवाद पर्व – नरेश मेहता – पृष्ठ 30।
4. प्रवाद पर्व – नरेश मेहता – पृष्ठ 33।
5. प्रवाद पर्व – नरेश मेहता – पृष्ठ 33।
6. प्रवाद पर्व – नरेश मेहता – पृष्ठ 42।
7. प्रवाद पर्व – नरेश मेहता – पृष्ठ 43।
8. प्रवाद पर्व – नरेश मेहता – पृष्ठ 46।
9. प्रवाद पर्व – नरेश मेहता – पृष्ठ 49।
10. प्रवाद पर्व – नरेश मेहता – पृष्ठ 54।
11. प्रवाद पर्व – नरेश मेहता – पृष्ठ 78।
12. प्रवाद पर्व – नरेश मेहता – पृष्ठ 81।
13. प्रवाद पर्व – नरेश मेहता – पृष्ठ 104
14. अग्निलीक भारत भूषण अग्रवाल – पृष्ठ 12।
15. अग्निलीक भारत भूषण अग्रवाल – पृष्ठ 18।
16. अग्निलीक भारत भूषण अग्रवाल – पृष्ठ 30।
17. अग्निलीक भारत भूषण अग्रवाल – पृष्ठ 42।

18. अग्निलीक भारत भूषण अग्रवाल – पृष्ठ 44।
19. अग्निलीक भारत भूषण अग्रवाल – पृष्ठ 53।
20. अग्निलीक भारत भूषण अग्रवाल – पृष्ठ 54।
21. शंबूक – जगदीश गुप्त – भूमिका से।
22. शंबूक – जगदीश गुप्त – पृष्ठ 10।
23. शंबूक – जगदीश गुप्त – पृष्ठ 49।
24. शंबूक – जगदीश गुप्त – पृष्ठ 45।
25. शंबूक – जगदीश गुप्त – पृष्ठ 29।
26. शंबूक – जगदीश गुप्त – पृष्ठ 29।
27. शंबूक – जगदीश गुप्त – पृष्ठ 57।
28. नयी कविता के मिथक काव्य – रश्मि कुमार – पृष्ठ 96।

6

शब्दों का जादूगर : शैलेन्द्र

जिस तरह हम बोलते हैं, उस तरह तू लिख
और इसके बाद भी, हम से बड़ा तू दिख।

गीत फ़रोश भवानी प्रसाद मिश्र ने कवि को, लेखक को, गीतकार को बड़ी चुनौती दी, चुनौती दी कि आम आदमी की भाषा में लिखो। आम आदमी जिसमें स्त्री भी है, पुरुष भी, मजदूर भी है और मजबूर भी, झोपड़पट्टी में रहने वाला अंतिम आदमी भी है और पॉकेटमार भी.....आवारा भी, अनाड़ी भी, चार सौ बीस भी, बंदिनी भी, गाइड भी, डाकू भी, गाड़ीवान भी......भला सबको एक कवि, गीतकार, रचनाकार भाषा दे सकता है.......हाँ! दे सकता है कवि, गीतकार, शायर शैलेन्द्र। गीतकार के सामने, फिल्मी गीतकार के सामने स्वतंत्र गीतकार से बड़ी चुनौती होती है। उसे शब्दों की जादूगरी और कारीगरी के साथ संगीत के साथ अपनी छंदबद्धता (मीटर) रखनी होती है और पात्र के अनुसार, चरित्र के अनुसार बोल भी पिरोने होते हैं, अब 'अनाड़ी' शब्द को ही लें किस सादगी से शैलेन्द्र ने गीत में बुना कि वह शब्द नकारात्मकता से निकलकर एक नवीन अर्थ दे गया। इसी तरह से 'आवारा' शब्द प्रायः भटके, अस्थिर चित्त, चंचल चरित्र के लिए प्रयुक्त होता है शैलेन्द्र ने 'आवारा हूँ या गर्दिश में हूँ आसमान का तारा हूँ' में नायक के संघर्ष, एकाकीपन और मस्ती को रेखांकित किया है।

हिन्दी साहित्य में जागरण गीतों की लम्बी परम्परा है 'जागो फिर एक बार' (निराला) 'बीती विभावरी जाग री' (प्रसाद) 'जाग तुझको दूर जाना' (महादेवी)। ये जागरण गीत भारतीय परम्परा 'तमसो मा ज्योतिर्गमय' अंधकार से प्रकाश की यात्रा है। शैलेन्द्र ने 'जागो मोहन प्यारे' (जागते रहो) में जागरण को अपने शब्दों से अलौकिक बना दिया – देखिए....

– जिसने मन का दीप जलाया
दुनिया को उसने ही उजला पाया
मत रहना अँखियों के सहारे
और
– किरन परी गगरी छलकाये
ज्योत का प्यासा प्यास बुझाये
फूल बने मन के अंगारे

इस गीत के साथ फिल्मी गीतों में से एक ही गीत ठहरता है पं. नरेन्द्र शर्मा का 'ज्योति कलश छलके'।

अब 'जाना' क्रिया को ही लें, इस 'जाना' क्रिया को शैलेन्द्र ने इस दुनिया की निरर्थकता के भाव के साथ कई गीतों में अंकित किया है देखें...

'ओ जाने वाले हो सके तो लौट के आना' गीत में जाने को जीवन के रहस्य के रूप में कह दिया है –

देखें –

दे दे के आवाज कोई हर घड़ी बुलाए
फिर जाए जो उस पार
कभी लौट के न आए।

गीतों ने भी हिन्दी के मान को बढ़ाया है। आचार्य हजारीप्रसाद द्विवेदी ने कहा था, "हिन्दी इसलिये बड़ी नहीं है कि हममें से कुछ इस भाषा में कहानी या कविता लिख लेते हैं या सभा मंचों पर बोल लेते हैं। नहीं, वह इसलिए बड़ी है कि कोटि–कोटि जनता के हृदय और मस्तिष्क की भूख मिटाने में यह भाषा इस देश का सबसे बड़ा साधन हो सकती है। हमारे पूर्वजों ने दीर्घकाल की तपस्या और मनन से जो ज्ञान राशि संचित की है, उसे सुरक्षित रखने का सबसे मजबूत पात्र है। ....यदि देश में आधुनिक ज्ञान–विज्ञान को हमें जन–साधारण तक पहुंचाना है, तो इसी भाषा क़ा सहारा लेकर हम काम कर सकते हैं। हिन्दी इन्हीं संभावनाओं के कारण बड़ी है।"[5] इन्हीं संभावनाओ को देखते हुए ही हिन्दी मीडिया की भाषा बनी हुई है और मीडिया इसे जनसंपर्क के अधिक से अधिक योग्य बना रहा है। क्योंकि "यह महत्वपूर्ण बात है कि वही भाषा जीवित रहती है, जिसमें समकालीन चुनौतियों का सामना करने एवं आधुनिक संवेदनाओं को अभिव्यक्ति की शक्ति हो। इस अर्थ में हिन्दी सामर्थ्यवान, समृद्धशाली भाषा है।"[6]

संपर्क भाषा परिनिष्ठित, मानक या साहित्यिक भाषा से भिन्न होती है इसलिए इस बात के लिए शंकित होकर कि हिन्दी हिंग्लीश हो रही है या इसमें बहुत परिवर्तन हो रहे हैं, हम नये के लिए द्वार बन्द नहीं कर सकते। हिन्दी भी बनी रहेगी और उसका संपर्क भाषा वाला रूप भी बना रहेगा। हमें इतनी उदारता तो बरतनी ही पड़ेगी। संपर्क भाषा में पर्दादारी से काम नहीं चलेगा। हम भाषा को यदि दरवाजों में बन्द या किताबों में गुम रखना चाहते हैं तो भाषा के साथ खूब कट्टरता बरतिए। एक विद्वान साहित्यकार ने 'मोबाइल' के लिए 'बात पेटी' अनुवाद भी किया और इस शब्द को अपनाने का आग्रह भी किया। यद्यपि चलित दूरभाष पूर्व में इसका अनुवाद भी किया गया है। किन्तु चलन में तो 'मोबाइल' शब्द ही रहा। इतना चलन में कि प्रदीप सौरभ ने अपने उपन्यास का शीर्षक ही 'मुन्नी मोबाइल' रख दिया। मुन्नी की

गतिशीलता मोबाइल से ही है उसे अर्थ मोबाइल ही देता है। उसका अनुदित रूप नहीं।

"इतना अहसास अब नई पीढ़ी को हो चला है कि हिन्दी भी कमाने की भाषा है, एक उपयोगी उत्पादक औजार और माफ करिए वह सिर्फ साहित्यिक भाषा नहीं है।"[7] हिन्दी अब आत्महीनता की नहीं आत्मसम्मान की भाषा है। जरुरत है जानने की। इसे जाना है प्रसून जोशी ने 'ठण्डा मतलब कोकाकोला, जैसा विज्ञापन दिया तो विज्ञापनों में हिन्दी की एक नई लाक्षणिक व्यंजकता आई है। इनमें मानवीय सरोकार और मूल्य है। देखिए–न सर झुका है कभी–सर उठा के जियो में आत्माभिमान है बूढ़े होने पर भी क्यों दूसरे पर निर्भर बने, इसमें है हीरो– आत्म पहचान, सिर्फ उठो नहीं जागो, पूछने में क्या हर्ज है, सीधी बात नो बकवास, अपना लक पहन के चलो, पा लिया बिना कुछ खोये, दो बूंद जिन्दगी की, बेटी है तो कल है आदि।

हिन्दी भारत की भाषा है इसीलिए भारत के जन् मन तक वही पहुंच सकता है जो हिन्दी जानता है। सोनिया गाँधी की अटपटी ही सही हिन्दी भारतीयों से सपंर्क कराती है और कितने ही सरल और सहज, कितने ही विचारवान हमारे प्रधानमंत्री माननीय मनमोहन सिंह जी हिन्दी न जानने और न बोलने के कारण भारतीय जनमन से दूर थे। अन्ना, अरविन्द केजरीवाल और किरण बेदी यदि क्षेत्रीय भाषा में अपने आन्दोलन चलाते तो वह इतना राष्ट्रव्यापी नहीं बन पाता जितना हिन्दी के कारण बना है। स्वतंत्रता आंदोलन में भी संपर्क हिन्दी भाषा से ही हुआ था और वर्तमान प्रधानमंत्री गुजराती भाषी होकर भी हिन्दी से ही सम्पूर्ण भारत को खुद से जोड़ते हैं और खुद को भारत से जोड़ते हैं और रेडियो से मन की बात भी हिन्दी में ही करते हैं। हिन्दी केवल भारत की ही संपर्क भाषा नहीं वरन् यह तो वैश्विक होने की भी क्षमता रखती है हिन्दी को वैश्विक संदर्भ प्रदान करने में विश्वभर में फैले हुए तीन करोड़ से ज्यादा प्रवासी भारतीयों का विशेष प्रदेय है।

वे हिन्दी द्वारा अन्य भाषा–भाषियों के साथ सांस्कृतिक संवाद कायम करते हैं। अब हिन्दी विश्व के सभी महाद्वीपों तथा राष्ट्रों जिनकी संख्या 140 से अधिक है में किसी न किसी रूप में प्रयुक्त हो रही है। वह बोलने वालों की संख्या के आधार पर मंदारिन (चीनी) के बाद विश्व की दूसरी सबसे बड़ी भाषा बन गई है जबकि वह जिन राष्ट्रों में प्रयुक्त हो रही है उनके संख्या बल की दृष्टि से अंग्रेजी के बाद दूसरे स्थान पर है। हिन्दी को वैश्विक परिदृश्य प्रदान करने में फिल्मों, पत्र–पत्रिकाओं, प्रकाशन संस्थानों, भारत सरकार के उपग्रह–चैनलों, विज्ञापन–एजेंसियों, बहुराष्ट्रीय कम्पनियों, यांत्रिक सुविधाओं तथा शिक्षण प्रौद्योगिकी के अनुप्रयोग से प्रशिक्षित पेशेवर मानव संसाधन का विशिष्ट अवदान रहा है। भारतीय युवा भी अपनी संवेदना और संस्कृति से दूर अमेरिका में भी आशुतोष राणा, कुमार विश्वास, मधुशाला और गालिब से जुड़ा है तो इसी भाषा की बदौलत। और कुछ बात है कि हस्ती मिटती नहीं हमारी–इस कुछ बात में एक बात संपर्क भाषा हिन्दी की व्यापकता भी है जिसने भारत के कोने–कोने में अपनी पहचान बनाई है। इसमें गालिब का अंदाजे बयां कुछ और भी है तो बिहारी की 'और कछु भी है जिहि बस होत सुजान।'

संदर्भ सूची

1. भूमण्डलीकरण, भारत की भाषा समस्या और डॉ. लोहिया– ब्रजकुमार पंडित, वाक–2007 अंक 3 पृष्ठ 110।
2. सांस्कृतिक चेतना और हिन्दी – रमेश चन्द्र शाह अक्षरा – सितम्बर – अक्टूबर– 2009 पृष्ठ 09।
3. ————————————''——————————
4. उत्तर आधुनिक मीडिया विमर्श, सुधीश पचौरी पृष्ठ 127।
5. आचार्य हजारी प्रसाद द्विवेदी।
6. सामाजिक विकास में हिन्दी की भूमिका – कैलाश चन्द्र जायसवाल अक्षरा – सितम्बर–अक्टूबर–09।
7. हिन्दी का विश्व संदर्भ – डॉ. करूणाशंकर उपाध्याय – पलैप पर।

8

निमाड़ की संत परम्परा और संत सिंगाजी

संत कौन?

'संतन को कहां सीकरी सो काम' संत वह जो सत्ता से लोभ से दूर रहे, संत वह जो काबा और कैलास के झगड़े में न पड़े, संत वह जो स्वयं भी जागे और औरों को भी जगाए, संत वह जो ऐसी बानी बोले जो औरों को भी शीतल करे आपहु शीतल होय, संत वह जो धार्मिक कट्टरताओं, संकीर्णताओं, और बाह्याडम्बर से दूर रहे, संत वह जो कण–कण में उसी परम शक्ति का नूर देखे, सर्वत्र उसी ईश्वर के दर्शन करे, संत वह जो सांसारिक मोह माया के ऊपर उठ सके, संत वह जो कहे 'जब मैं था तब हरि नहीं अब हरि है मैं नहीं', जो कहे 'सांई इतना दीजिए जामे कुटुम्ब समाय, मैं भी भूखा ना रहूं साधु भी भूखा न जाए', जो यह भी कहे कि 'चाह गई चिन्ता मिटि, मनुआ बेपरवाह, जिन्हें न कछु चाहिए, सो ही शांहशाह', संत वह जो अहं ब्रहास्मि, अनलहक का रहस्य भी बूझे और पोथी के स्थान पर प्रेम के ढाई आखर का अनुभव करे।

जब काशी का एक जुलाहा अपनी चादर को 'ज्यों की त्यों धर दीनी' कहकर ज्ञान की आँधी से भ्रम को उड़ा रहा था, इसी समय

काशी का एक चर्मकार 'कठौती की गंगा में' अपने चंगे मन से अवगाहन कर रहा था और हाँ! इसी समय पंजाब से कड़ा (इलाहाबाद) में आकर बसे संत उन्हें ऊँचा बता रहा था 'जिन के नीचै नैन' और इसी समय के आसपास गुजरात का एक धुनिया दादू भक्ति की सहजता का गुणगान रहा था और तब निमाड़ का एक गवली चाकरी छोड़ कर गुरु मनरंगीर के आदेश से सांसारिक मोह माया से स्वयं को मुक्त कर भक्ति की उस राह पर चल पड़ा था जिसे संत काव्य धारा के नाम से जाना जाता है।

निमाड़, सतपुड़ा और विन्ध्याचल पर्वतों से घिरे, नर्मदा और ताप्ती में अवगाहन करते निमाड़ की भी अपनी एक संत परम्परा है। इस संत परम्परा में अपने वैशिष्ट्य से अपनी पहचान बनाने वाले संत सिंगाजी की पूर्ववर्ती संत परम्परा भी है और पश्चात्वर्ती परम्परा भी है।

निमाड़ की संत परम्परा संत ब्रह्मगीर से आरंभ होती है। इनकी रचनाओं में निरगुण ब्रह्म की उपासना मिलती है। इन्हीं के एक गीत ने सिंगा को संत सिंगाजी बना दिया। संत ब्रह्मगीर के शिष्य हैं मनरंगीर। मनरंगीर से ही संत सिंगाजी ने ब्रह्मगीर का भजन सुना था। मनरंगीर की एक लोरी बहुत प्रसिद्ध है। मनरंगीर के शिष्य सिंगाजी हैं जिन्हें निमाड़ में बहुत सम्मान प्राप्त है, वे निमाड़ में पूज्य हैं। सिंगाजी के शिष्य और उनके पौत्र खेमदास भी निमाड़ की संत परम्परा में महत्वपूर्ण स्थान रखते हैं। खेमदास जी ने ही संत सिंगाजी के जीवन पर 'परचरी' की रचना की है।

दलुदास नाम के एक और संत निमाड़ में हुए और इनकी सिंगाजी के प्रति अतीम श्रद्धा थी। इन्होंने सिंगाजी पर भजन लिखे हैं।

धनजीदास भी निमाड़ की संत परम्परा के महत्वपूर्ण मोती हैं। जाति से नाई धनजीदास की प्रमुख रचनाएं है– अभिमन्यु ब्याह, लीलावती और मोती–लीला।

निमाड़ की संत परम्परा में सगुण काव्य धारा के संत है रंकदास। रंकदास 19वीं शताब्दी के संत हैं।

अब निमाड़ के कबीर संत सिंगाजी के वैशिष्ट्य की बात करते हैं। हिन्दी साहित्य के इतिहास की संत काव्य धारा में रामचन्द्र शुक्ल, रामकुमार वर्मा ने सिंगाजी का उल्लेख नहीं किया। 'उत्तरी भारत की सन्त परम्परा' में परशुराम चतुर्वेदी ने सिंगाजी का सर्वप्रथम उल्लेख किया है। संत सिंगाजी के जीवन एवं प्रदेय पर सबसे प्रामाणिक जानकारी पूज्य पिताजी डॉ. रमेशचन्द्र गंगराड़े के शोध ग्रंथ में मिलती है। उनके शोध ग्रन्थ 'निमाड़ के संत–कवि सिंगाजी' में उनके जीवन चरित के साथ उनकी प्रमुख रचनाओं का उल्लेख मिलता है। सिंगाजी की लगभग 11 रचनाएं उपलब्ध हैं। ये हैं –

1. सिंगाजी के दृढ़ उपदेश
2. सिंगाजी का आत्मध्यान
3. सिंगाजी का दोष–बोध
4. सिंगाजी का नरद
5. सिंगाजी का शरद
6. सिंगाजी की देशवाणी
7. सिंगाजी की बांणावली
8. सिंगाजी का सात वार
9. सिंगाजी की पंद्रह तिथि
10. सिंगाजी की बारह मासी
11. सिंगाजी के भजन

1. **दृढ़ उपदेश–** यह 201 दोहों का संकलन है। इस पर विस्तार से चर्चा बाद में की जाएगी।
2. **सिंगाजी का आत्म–ध्यान–** आत्मध्यान में योग प्राणायाम और समाधि का वर्णन है। इसमें सिंगाजी ने प्रकृति के उपादानों के साथ मानव अंगों का साम्य दिखाया है –

जैसी रचना बाहर है, तैसी भीतर देख
बाहर भीतर एक है, कहन की है अनेक।

3. **सिंगाजी का दोष–बोध–** इस रचना में सिंगाजी ने मानव के दुर्गणों का उल्लेख कर उनसे बचने का उपदेश दिया है।
4. **सिंगाजी का नरद–** नरद का अर्थ डॉ. रमेशचन्द्र गंगराड़े बताते हैं– 'यहाँ पर नरद शब्द ध्वनि करना अथवा गुणगान करना के अर्थ में प्रयुक्त हुआ है।' इसी अर्थ में इस रचना में सिंगाजी ने ब्रह्म और सदगुरु के गुणों का गान किया है।
5. **सिंगाजी का शरद–** शरद में शरद पूर्णिमा के सौन्दर्य को सिंगाजी ने क्षणिक बताते हुए जीवन की नश्वरता को अमावस्या कहा है।
6. **सिंगाजी की देश वाणी–** इसमें सिंगाजी ने संतों के निराले देश को वर्णित किया है–

   मेरे देश शक्ति नहीं शीवै। मेरे देश मरे न जीवै

7. **सिंगाजी के बांणावली–** यह बाणों की अवली है। सिंगाजी के ये बाण विराग पैदा कर जीवन की क्षणभंगुरता और संसार की असारता का संदेश देते हैं।
8. **सिंगाजी का सातवार–** सप्ताह के सात दिनों अर्थात् सात वारों में सिंगाजी की नवीन दृष्टि दिखाई देती है। उन्होंने सातवार का आरंभ मंगलवार से कर सोमवार पर समापन किया है–

   सोमवार सो सचराचार। पलक में पावै पर।
   कहै जन सिंघाजी जन करो संशा।
   ते नर मरै न जावै जैसा का तैसा।।

9. **सिंगाजी की पन्द्रह तिथि–** सिंगाजी ने पंद्रह तिथियों को संख्या सूचक रूप में प्रस्तुत किया है। यहां इन तिथियों को उन्होंने न तो धार्मिक और न ही ज्योतिषशास्त्र के अनुसार

प्रस्तुत किया है बल्कि इनकी अपनी दृष्टि से व्याख्या जीव, जगत, ब्रह्म के अर्थ में की है।

10. **सिंगाजी की बारहमासी–** बारहमासी भी सिंगाजी ने परम्परागत या शास्त्रीय पद्धति से भिन्न स्वयं के चिन्तन के आधार पर अभिव्यक्त की हैं। जैसे माघ के लिए वे कहते हैं–

माघ मगन बुद्धि विचारो। हिन्दु तुर्क का संग निवारे
दोनों पंथ से रहो न्यारो। कहे जन सिंगा सदामतवार।

11. **सिंगाजी के भजन–** इन भजनों की संख्या 800 बताई जाती है। इन भजनों का विषय जीवन की निस्सारता, बाह्याडम्बर, एकेश्वरवाद और अखण्ड ब्रह्म की भावना है।

सिंगाजी की ग्यारह रचनाओं में से यहां मैं उनकी 'दृढ़ उपदेश' पर विस्तार से चर्चा करना चाहूँगी। दृढ़ उपदेश 201 दोहों और चौपाइयों का संकलन है। इस रचना के आरंभ में सिंगाजी ने गणेश, सरस्वती एवं गुरु को नमन किया है। तत्पश्चात 'श्री सिंगाजी महाराज का दृढ़ उपदेश प्रारंभ' अंकित किया है और इस रचना का समापन ।। ईती सिंगाजी महाराज का दृढ़ उपदेश संपूर्ण।। से किया है। इन 201 दोहों चौपाइयों में सिंगाजी का जीवन दर्शन प्रगट होता है।

सिंगाजी की वाणी में अन्य संतों के समान ही जीवन की निस्सारता का वर्णन मिलता है। साथ ही बाह्याडम्बर, तीर्थ, मूर्ति पूजा, ऊंच–नीच, जांति–पांति, धर्म–सम्प्रदाय आदि के प्रति विरोध मिलता है एवं भक्ति में अहं का त्याग और ईश्वर की निकटता का वर्णन है।

बाह्याडम्बर का विरोध सिंगाजी ने भी कबीर आदि कवियों की भांति ही किया है, बाह्याडम्बर के विरोध में फटकार भी है और भटके जन के प्रति आक्रोश भी व्यक्त किया है। 16वीं शताब्दी में संत सिंगाजी ने जो कहा था वह आज भी 21वीं शताब्दी में उतना ही प्रासंगिक है–

तीरथ वरत जम को जाल। ताते झपे फीर फीर काल
देव देवी की झणी करो आसा। ताथि साधो रहो निरासा।
टीका टोला लावो मत कोई। ये सब साधु पाखंण्ड होई।

कबीर कहते हैं 'मन फूला फूला फिरे जगत से कैसा नाता रे' सिंगाजी ने भी इन सांसारिक रिश्तों की निरर्थकता और अंत में अकेले ही जाना है कहा है–

काहां का बाप काहां की माई। कहो केताक दिन सगाई।
ये सकल स्वारथ का मेला। आंत काल तू जाय अकेला।

संतों की यह विशेषता है कि वे अनुभव को 'अखिन देखी' को ही प्रामाणिक मानते हैं। बिना परखे भरोसा नहीं करते। सिंगाजी में भी 'अनभै कथा' है। अनुभव की आंच सिंगाजी में पूरी निष्ठा के साथ आई है और उन्होंने अनुभव की इस प्रामाणिकता के लिए उपमान भी अनुभव के ही उठाए है–

– पाणी कहे प्यास न जाए। भोजन कहे कहो कैसे अघाई।
आफिम कहे आमल नहीं आवे। अैसे बिन पहेचाने मुक्त न पावे।
– आग कहे आंच नहीं लागे। कहो साधु थंड कैसी भागे।
खाया बिन स्वाद न आवे। जैसे बिन पहेचाणे मन हात न आये।

मूर्ति के रूप में पत्थर के पूजन का सिंगाजी ने बहुत ही कड़ा विरोध किया है और उनका व्यंग्य भी बहुत मारक है। कबीर का 'पाहन' निमाड़ी में 'फथर' हो गया है। पाहन में फिर भी कोमलता है 'फथर' में जो कठोरता और ईश्वरीय उपासना की निरर्थकता है उसे तो कोई निमाड़ी भाषी ही जान सकता है।

– सालग राम पूजो मत कोई। आंतकाल फथर ते होई।
– देव देव कहे सब कोई। देव सब फथर ते होई।
– फथर पूजे ती फतर पाव। नीरजीव की संग जलम गँवाव।

अब दृढ़ उपदेस से कुछ उन बातों पर आपका ध्यान आकर्षित कराना चाहती हूँ जो संत सिंगाजी में अपने समकालीन संतों से भिन्न दिखलाई देती है। सिंगाजी में सबसे अलग और विशिष्ट बात जो मुझे दिखाई दी कि जिस काल में ब्राहमणों को समाज में बहुत उच्च स्थान प्राप्त था। यहाँ तक कि तुलसीदास जी के शब्दों में कह सकते हैं कि 'पूजिए विप्र सकल गुण हीना', जब जाति प्रथा कठोर बंधनों से युक्त थी तब' एक गवली ने किस निर्भीकता से ब्राह्मणों को आडम्बरी और विकारी कहा होगा–

– सकल ब्राहमण देख्या जोई। धागा नाखे उत्तम न होई।

– उत्तीम जात विप्र कव्हावे। सूत मृतिक घर मा लावे।

– मसाण जाये गऊ ते लेई। उनसे नीच और न कोई।

– सींघा उंच जात वीप्र कव्हावे, नीच घर मागण जावे।

– कामल बेचे हाट म जाई, झुटा बोले और खुसी भाई।

– अयेसा सकल ब्राहमण देख्या जोई, इनसे नीच आवरन कोई।

दूसरी बात जो अन्य संत कवियों में मुझे दिखाई नहीं दी और वह है 'नरम' की महत्ता। नरम संभवतया कोमल और विनम्र के अर्थ में सिंगाजी ने प्रयुक्त किया है। दृढ़ उपदेश के दोहा क्र. 173 से 177 तक सिंगाजी ने कहा है कि नरम के बिना मार्ग नहीं मिलता, नरम से प्रभु निकट दिखते हैं, नरम के बिना अनहद नाद नहीं बज सकता, नरम रेशम–सा मंहगा है और घी में स्वाद नरम से ही आता है।

नरम कपड़ा सबखु प्यारा। जैसा नरम सांई हमारा।
नरम चन्द्र कुं नवै सब कोई। नरम बीना मुक्ति न होई।

तीसरी बात जो सिंगाजी में अन्य संतों से भिन्न है वह है जहाँ अन्य संतों ने नारी को नरक का द्वार कहा उसे त्याज्य बताया वहीं सिंगाजी ने नर और नारी दोनों को समान बताया है–

– नारी पुरस कहे सब कोई। बोलन हारा येक ते होई।

– नर नारी का एकई बाप, काहे को हिरदे लाओ पाप।

निमाड़ की संत परम्परा में सिंगाजी निमाड़ में पूज्य हैं उनकी समाधि पर प्रतिवर्ष शरद पूर्णिमा पर मेला लगता है, सिंगाजी की बहुत सी भजन मण्डलियाँ हैं। उनके परिचय पर उनके शिष्य ने 'परचुरी' की रचना की है।

डॉ. रमेशचन्द्र गंगराड़े उनके संबंध में कहते हैं – "सिंगाजी तो उस व्यक्तित्व का नाम है, जिसके पीछे आज भी समस्त निमाड़ बावला है। निमाड़ – मालवा के हृदय में बसने वाली ग्रामीण जातियों के सिंगाजी आराध्य है"

पं. केवलराम शुक्ल ने 'निमाड़ के गोपाल संत सिंगाजी' में सिंगाजी के संबंध में कहा है– "सिंगाजी एक अपढ़ ग्वाल थे किन्तु जो बातें वह कह गये हैं उन्हें समझने के लिए बड़े से बड़े विद्वान भी उलझन में पड़ जाते हैं।"

और अंत में एक बात जो सभी संत कवियों के साथ सिंगाजी में भी मुझे दिखाई दी है वह यह है कि इनमें कहीं भी आत्मदया का भाव नहीं है निम्न जाति के है, समाज से बहिष्कृत हैं परन्तु तुमने पढ़ने नहीं दिया लो मैंने तुम्हारी पोथियों को ही नकार दिया, तुम कागद पर लिखे पर भरोसा करते हो मैं वेदों को नकारता हूँ 'वेद पढ़े कहो काहा ते होई। वेद पढ़े तरे न कोई।' इन संतों में हीनता बोध नहीं है। ये दलित हैं, निम्न वर्ग के है, वंचित हैं परन्तु वर्तमान दलित साहित्यकारों की तरह खुद को हीन, छोटा और वंचित नहीं बताते ये तो–

हमन है इश्क मस्ताना, हमन को होशियारी क्या
रहे आजाद इस जग में, हमन दुनिया से यारी क्या?

बुद्ध की तरह ये भी कहते हैं 'किसी से न डरना, गुरु से भी नहीं' मन्त्र से भी नहीं, लोक से भी नहीं, वेद से भी नहीं।' 'ये डरते नहीं, अपने श्रम से' अपना नाता नहीं तोड़ते और गर्वपूर्वक अपने कर्म में से

ही आराधना और उपासना के शब्द उपमान जुटाते हैं। हम आज इन संतों की वाणी को भुला बैठे हैं मंदिर, मस्जिद, देवल, मजार, माला, कमण्डल आदि बाह्याडम्बरों में, अंधविश्वासों में पड़ फिर उसी अंधकार में जा रहे है जहाँ से फिर भक्ति आंदोलन शुरु होगा या पुनर्जागरण होगा।

9

'अंधायुग' में नवमानवतावादी चिन्तन

साहित्य के केन्द्र में मनुष्य है; मनुष्य जो सृष्टा की सर्वश्रेष्ठ कृति है। मानव कल्याण की कामना साहित्य का लक्ष्य रहा है, परन्तु मानव का कल्याण हो कैसे? इसी प्रश्न के उत्तर की खोज में धर्म, दर्शन, वेद, उपनिषद, नीति ग्रंथों की रचना की गई, इसी की खोज में विचार जगत में विभिन्न वाद आए – मनोविश्लेषणवाद, अस्तित्ववाद, मार्क्सवाद, मानवतावाद, नवमानवतावाद आदि। नवमानवता मानवता वाद की ही अगली कड़ी है। परम्पराएं जब रूढ़ि बन जाती हैं, तब मानव विकास अवरूद्ध होने लगता है, समाज में विकृतियाँ बढ़ने लगती हैं, परिणामस्वरूप युग के अनुरूप नवीन विचारधाराएँ जन्म लेने लगती हैं। नवमानवतावाद भी चली आती परम्पराओं का परिष्कृत रूप कहा जा सकता है। यह अपने में आधुनिकता बोध के साथ मनोविश्लेषण, मार्क्सवाद और अस्तित्ववाद को भी समेटे है।

नव मानवतावाद

पाँचवे दशक में जो परिवर्तन हुए, घटनाएं हुईं उससे मानवता थर्रा उठी, औशविट्ज के गैस चेम्बर में लाखों यहूदियों की मौत, हीरोशिमा और नागासाकी पर बमवर्षा और भारत विभाजन से उठा साम्प्रदायिक रक्तपात, अहिंसा की लड़ाई की हिंसा में परिणति, अत्यंत भयावह थी।

मानव विकृतियों का शिकार होने लगा, अमानवीयता, और क्रूरता ने आस्था और विश्वास को डगमगा दिया। साहित्य में मनोविश्लेषण के माध्यम से मानव मन की काम–वासना; हीनता बोध सामाजिकता का परीक्षण किया गया, शोषण के विरूद्ध आवाज उठाई गई, रूढ़ियों का विरोध किया गया, मानव की मानव के रूप में गरिमापूर्ण व्याख्या की गई, बाह्य शक्तियों, ईश्वर आदि को नकारा गया और मानव को अपने दायित्व का बोध भी कराया गया। नवीन बदली हुई परिस्थितियों में मानवतावाद का परिवर्तित और परिवर्धित रूप नव मानवता वाद आया। नव मानवता वाद पर पहले पहल चिन्तन मानवेन्द्र राय ने किया। बी.एन. सिंह के अनुसार "राय ने अपने संपूर्ण चिन्तन और नवीन मानवतावादी सिद्धांत में मानव को ही केन्द्र में रखा है। उसके लिए मानव ही सर्वोपरि है। उनके अनुसार मानव ही मानव का मूल है। मानव ही प्रत्येक वस्तु का मापदण्ड है। मानव अपने में पूर्ण है। वह स्वायत्त है। उसे अपने विकास के लिए किसी अति प्राकृतिक सत्ता की सहायता की आवश्यकता नहीं है। वह स्वयं सक्षम है अपने विकास के लिए।" मानवी गरिमा, सम्मान और आत्म गौरव की प्रतिष्ठा, सब प्रकार के शोषण से मुक्ति आदि विषयों पर चिन्तन तो पहले से चल रहा था नामकरण बाद में हुआ। विवेकानंद का नव्य वेदांत और क्या है? उनके विचारों को शक्तिदायी विचार के रूप में इन शब्दों में अभिव्यक्त किया गया है – "उन्होंने आध्यात्म की व्यावहारिकता पर अपने विचार प्रगट करते हुए कहा कि मैं उस धर्म और ईश्वर में विश्वास नहीं करता जो विधवा के आँसू पोंछने या अनाथों को रोटी देने में असमर्थ है। उन्होंने कहा ईश्वर को ढूँढने कहाँ जाना है। अपना मस्तक ऊँचा करो तुम में से हर एक व्यक्ति के भीतर एक ईश्वर विद्यमान है। सच्चे वेदांती को अपने मनुष्य होने में गर्व होना चाहिए उसे समाज से उन सब बातों को मिटाने का प्रयत्न करना चाहिए जो मनुष्य को अपमानित करती हैं।"[1] किसी बाहरी शक्ति पर विश्वास मानव के विकास में बाधक है मनुष्य को किसी मनुष्येतर शक्ति की

आवश्यकता नहीं उसके विश्वास टूटते हैं तो वह स्वयं उन्हें पुनः संयोजित करके अपने को खण्डित और विघटित होने से बचा सकता है।" आचार्य हजारी प्रसाद द्विवेदी ने भी इस नवीन मानवता वाद के दो लक्षण बताए हैं – 1. मनुष्य की महिमा और मानवीय मूल्यों में विश्वास तथा 2. मनुष्य के मर्त्य – जीवन को किसी प्रकार के पाप फल भोगने का परिणाम न समझ कर इसे उसी दुनिया में दुःख–शोक से बचाना और इसी दुनिया में सुख–समृद्धि से युक्त करना।"[2]

इस नव मानवतावाद को वे मानव की मुक्ति का आधार भी मानते हैं – "इस नवीन मानवतावाद को स्वीकार करने का युक्ति संगत परिणाम हो सकता है मनुष्य की मुक्ति। सब प्रकार के सामाजिक और राजनीतिक और आर्थिक शोषणों से मनुष्य को मुक्त किया जाय, क्योंकि मनुष्य के जीवन का बड़ा मूल्य है। मनुष्य पर अखण्ड विश्वास इसका प्रधान संबल है।"[3] इस नव मानवतावाद के नये मनुष्य को नयी कविता के संदर्भ में जगदीश गुप्त ने परिभाषित करते हुए लिखा है– "नया मनुष्य रूढ़ि–चेतना से मुक्त, मानव–मूल्य के रूप में स्वातन्त्र्य के प्रति सजग, अपने भीतर आरोपित सामाजिक दायित्वों का स्वतः अनुभव करने वाला, समाज को समस्त मानवता के हित में परिवर्तित करके नया रूप देने के लिए कृत संकल्प, कुटिल स्वार्थ भावना विरत, मानव–मात्र के प्रति स्वाभाविक सह–अनुभूति से युक्त, संकीर्णताओं एवं कृत्रिम विभाजनों के प्रति क्षोभ का अनुभव करने वाला, हर मनुष्य को जन्मतः समान मानने वाला, मानव व्यक्तित्व को उपेक्षित, निरर्थक और नगण्य सिद्ध करने वाली किसी भी दैविक शक्ति या राजनैतिक सत्ता के आगे अनवनत, मनुष्य की अंतरंग सद्वृत्ति के प्रति आस्थावान, प्रत्येक के स्वाभिमान के प्रति सजग, दृढ़ एवं संगठित अंतःकरण संयुक्त, सक्रिय किन्तु अपीड़क, सत्यनिष्ठ तथा विवेक संपन्न होगा।"[4]

जगदीश गुप्त ने नये मनुष्य का जो स्वरूप प्रस्तुत किया है वह विपरीत स्थितियों में प्रगट नहीं हो सकता। उसे अनुकूल वातावरण न

मिले तो वह अमानवीय, क्रूर, स्वार्थी और संकीर्ण हो जाता है। उसके व्यक्तित्व को विकसित होने के लिए जब विस्तार नहीं मिलेगा हर ओर बंधन होंगे, दीवारे होंगी रूढ़ियों की, आडम्बरों की, थोपी हुई मर्यादाएं होंगी तो (रेत बन कर हम सलिल को तनिक गँदला ही करेंगे – अनुपयोगी ही बनायेंगे अज्ञेय) समग्र रूप से स्थितियाँ त्रासदायक ही होंगी। कहीं आर्थिक वैषम्य के कारण, कहीं चिन्तन पारतन्त्र्य के कारण मनुष्य विवेक से शून्य, स्वतंत्र संकल्प से रहित, भावावेशों या बाह्य–हिप्नाटिक प्रभावों और ऐंद्रजालिक अन्तर्विरोधों से परिचालित मानव–यंत्र मात्र रह गया है। यदि हम उसकी मानवीयता का पुनरूद्धार करके उसे पुनः मूल्यों की खोज और निर्धारण कर अपनी नियति के स्वामी के रूप में प्रतिष्ठित नहीं करते तो हम एक ऐसे अमानुषिक अंधकार के युग में जा गिरेंगे जो मध्ययुग के भयानक से भयानक युगों से ज्यादा त्रासदायक होगा।"[5]

धर्मवीर भारती के इन्हीं विचारों का प्रतिबिम्वन उनकी कालजयी कृति अंधायुग में हुआ है जो नवमानवादी दृष्टिकोण को भी अभिव्यक्त करते है।

आचार्य हजारी प्रसाद द्विवेदी ने इस नवमानवता में मानव को पाप फल भोगने का परिणाम नहीं बताया है। "अंधायुग में भी सदियों से पाप और पुण्य के प्रतीक बन चुके कौरवों और पाण्डवों को धर्मवीर भारती ने पहली बार पूर्वाग्रह रहित वैज्ञानिक/वस्तुपरक दृष्टि से मनुष्य के रूप में एक ही तराजू पर रखकर तौलने का साहस किया था।"[6] नव मानवतावादी शोषण रहित समाज की कल्पना करते हैं। शोषण करते हैं राज्य, सत्ता और पूँजी; ऐसे में मानव का सहज विकास नहीं होगा और वह पीड़ित होगा। जनता की पीड़ा उत्पीड़न का कारण राज्य, सत्ता और पूँजी है –

सत्ता होगी उनकी
जिनकी पूँजी होगी

जिनके नकली चेहरे होंगे?
केवल उन्हें महत्त्व मिलेगा।
राज शक्तियाँ लोलुप होंगी
जनता उनसे पीड़ित होकर
गहन गुफाओं में छिप–छिपकर दिन काटेगी।[7]

राज शक्तियाँ लोलुप होंगी तो वह विवेकहीन भी होंगी, विवेकहीनता अंधापन है। मानव विवेकशील है परन्तु जब उसके विवेक को कुचला जाता है, बाहर से प्रतिबंध लगाए जाते हैं तब अंधायुग अवतरित होता है, रक्तपात होता है, युद्ध होता है–

यह अजब युद्ध है, नहीं किसी की भी जंग
दोनों पक्षों को खोना ही खोना है
अंधों से शोभित था युग का सिंहासन
दोनों ही पक्षों में विवेक ही हारा
दोनों ही पक्षों में जीता अंधापन।[8]

जब मानव स्वार्थी, सत्ता लोलुप और दायित्वहीन हो जाता है तो उचित अनुचित का विवेक खो देता है परिणाम की चिन्ता किए बगैर आत्मकेन्द्रित और स्वार्थी हो जाता है जो मानवता के लिए, मानवता के समग्र विकास के लिए घातक सिद्ध होता है। धृतराष्ट्र भी पुत्र मोह में अंधे हो गये थे परिणामस्वरूप कुरूक्षेत्र का युद्ध। धृतराष्ट्र को समस्त परिजनों ने राज्य और सत्ता के मोहांध से निकलने की समझाइश दी थी –

भीष्म ने कहा था
गुरू द्रोण ने कहा था
इसी अंतःपुर में

आकर कृष्ण ने कहा था –

"मर्यादा मत तोड़ो
तोड़ी हुई मर्यादा
कुचले हुए अजगर – सी
गुंजलिका में कौरव – वंश को लपेटकर
सूखी लकड़ी – सा तोड़ डालेगी।"[9]

नवमानवतावादी चिन्तक मानव की स्वतन्त्रता के साथ दायित्व को भी महत्त्व देते हैं। उसके नैतिक दायित्व भी हैं। यदि वह अपने नैतिक दायित्वों का निर्वहन नहीं करेगा तो स्वयं भी टूट जाएगा और समाज का कल्याण तो होगा ही नहीं। अंधायुग में धृतराष्ट्र इसी तरह नैतिक मर्यादाओं से रहित व्यक्ति के रूप में हैं–

मेरा स्नेह, मेरी घृणा, मेरी नीति, मेरा धर्म
बिलकुल मेरा ही वैयक्तिक था।
उसमें नैतिकता का कोई बाह्य मापदण्ड था ही नहीं।[10]

ऐसा नहीं है कि मर्यादाएं केवल कौरवों ने ही तोड़ी, मर्यादाएं पाण्डवों ने भी तोड़ी। कवि नाटककार धर्मवीर भारती ने दोनों को ही दोषी माना। यह वैज्ञानिक वस्तुपरक दृष्टि नवमानवतावादी चिन्तन का ही परिणाम है। यही नहीं उन्होनें तो कृष्ण को भी चुनौती दी है। उनके 'प्रभु' को भी कटघरे में रखा है–

पता नहीं प्रभु है या नहीं
किन्तु उस दिन यह सिद्ध हुआ
जब कोई मनुष्य
अनासक्त होकर चुनौती देता है इतिहास को,
उस दिन नक्षत्रों की दिशा बदल जाती है।
नियति नहीं है पूर्व निर्धारित –
उसको मानव–निर्णय बनाता–मिटाता है।[11]

मानव को बाह्य सत्ता, ईश्वर और नियति के हाथों की कठपुतली होता हुआ कोई भी नवमानवता वादी रचनाकार नहीं देख सकता। इसीलिए धर्मवीर भारती एक आदमी को कभी भी इतना ताकतवर, सक्षम होता नहीं देख सकते जिसके तले समस्त मानव जाति बौनी हो जाए– किसी देश की बौद्धिक सक्रियता, जागरूकता और मौलिक चिन्तन शक्ति के लिए इतिहास का इससे दुर्भाग्यपूर्ण क्षण और कोई भी नहीं हो सकता कि देश एक व्यक्ति के समक्ष छोटा या मूल्यहीन साबित किया जाने लगे, समूचे जनमानस की संकल्प शक्ति और जीवन दृष्टि को अक्षम और निःसार बनाने के लिए इससे ज्यादा कारगर और कोई तरीका इतिहास में नहीं रहा है कि एक व्यक्ति की छाया से सारे आकाश को ढक दिया जाए।"[12] इसी कारण गांधारी उन्हें शाप देती है क्योंकि वह उन्हें 'प्रभु' मानती आई परन्तु देखती है कि उन्होंने भी 'प्रभुता का दुरूपयोग' ही किया है। एक ओर प्रभु हैं जो शापग्रस्त हैं–

प्रभु हो
पर मारे जाओगे पशुओं की तरह[13]

दूसरी ओर अश्वत्थामा है जो प्रतिहिंसा में पशु हो गया है। अर्द्ध सत्य (नरो वा कुंजरों वा) से छला गया अश्वत्थामा; मानवता का वह विद्रुप चेहरा जो नकारे जाने, उपेक्षित किए जाने, धोखा दिए जाने के परिणामस्वरूप अपनी सारी मानवीय संवेदनाओं को खो चुका है क्योंकि उसे मानवीय गरिमा से पूर्ण सम्मान नहीं मिला। मनोविश्लेषण मानव मन की गुत्थियों को ग्रंथियों को सुलझाता है, खोलता है और उसे गरिमा प्रदान करता है। यही काम किया है धर्मवीर भारती ने नाटक के दूसरे अंक 'पशु का उदय' में। युद्धिष्ठिर के अर्द्धसत्य से आहत अश्वत्थामा मानव से पशु बन गया–

धर्मराज होकर वे बोले
'नर या कुंजर'

मानव को पशु से
उन्होनें पृथक नहीं किया
उस दिन से मैं हूँ
पशुमात्र, अंध बर्बर पशु[14]

इसीलिए अश्वत्थामा के लिए वध नीति रहा बल्कि 'वह है अब मनोग्रंथि का कारण है स्वयं निर्णय न लेना अपने निर्णय दूसरों पर सौंप देना।

मानव ही सर्वोपरि है, छोटे से छोटे मानव भी सार्थक हैं। ईश्वरीय सत्ता के स्थान पर मानव की सार्थकता होगी अश्वत्थामा का यह कथन इसी का परिचायक है–

उसके इस नये अर्थ में
क्या हर छोटे से छोटा व्यक्ति
विकृत, अर्द्धबर्बर, आत्मघाती, अनास्थामय
अपने जीवन की सार्थकता पा जायेगा।[15]

कृष्ण की शापत्रस्त हो मृत्यु नये मानव के दायित्वों का बोध है। 'अंधा युग' काव्य–नाटक की अंतिम पंक्तियाँ नव मानव का आरंभ है जो मानव को संशय से, दासता से, पराजय से बचाता है–

पर एक तत्व है, बीज रूप मन में
साहस में, स्वतन्त्रता में, नूतन सर्जन में,
दायित्व मुक्त, मर्यादित, मुक्त आचरण में,

उतना जो अंश हमारे मन का है –

वह अर्द्ध सत्य से, ब्रह्मास्त्रों से भय से
मानव–भविष्य को हरदम रहे बचाता
अंधे संशय, दासता, पराजय से।[16]

संदर्भ सूची

1. भारतीय सामाजिक चिन्तन, बी.एन. सिंह, पृ. 273।
2. निराला काव्य में मानवीय चेतना, डॉ. रमेश दत्त मिश्रा, पृ. 47।
3. इ.प्र. ग्रंथावली – 10 – पृ. 79–80।
4. इ.प्र. ग्रंथावली – 10 – पृ. 79–80।
5. शंबूक, जगदीश गुप्त, भूमिका से।
6. पश्यंती, धर्मवीर भारती, पृ.–106।
7. आधुनिक भारतीय नाट्य – विमर्श, जयदेव तनेजा, पृ. 27।
8. अंधायुग, धर्मवीर भारती, पृ.–02।
9. अंधायुग, धर्मवीर भारती, पृ.–03।
10. अंधायुग, धर्मवीर भारती, पृ.–08।
11. अंधायुग, धर्मवीर भारती, पृ.–16।
12. पश्यंती, धर्मवीर भारती, पृ. 100।
13. अंधायुग, धर्मवीर भारती, पृ. 81।
14. अंधायुग, धर्मवीर भारती, पृ.–25।
15. अंधायुग, धर्मवीर भारती, पृ.–106।
16. अंधायुग, धर्मवीर भारती, पृ.–108।

10

उदय प्रकाश की इतिहास दृष्टि

"साहित्यिक रचनाएं इतिहास में निर्मित होती हैं और इतिहास का निर्माण भी करती हैं। रचना का अस्तित्व इतिहास के भीतर होता है, इतिहास के बाहर नहीं। कृतियों की उत्पत्ति में इतिहास की सक्रिय भूमिका होती है और पाठकों द्वारा उनके अनुभव तथा मूल्यांकन का इतिहास उनके जीवन का इतिहास होता हैं।"[1]

"हर महान कलाकृति अपनी ऐतिहासिक सीमाओं का अतिक्रमण करने की क्षमता रखती है – अपनी संस्कृति के स्मृति – संकेतों, मिथकों, और भाषाई प्रत्ययों से गुजरते हुए हर कविता और उपन्यास मनुष्य के समग्र और सार्वभौमिक अनुभव को आलोकित कर पाते हैं..... उसके सामने सहसा इतिहास, समय और साहित्य की दीवारें ढह जाती हैं।"[2]

साहित्यकार के इतिहास बोध से साहित्य में कालजयीपन आता है। साहित्य में इतिहास यथार्थ से भी अधिक अर्थपूर्ण हो उठता है क्योंकि इतिहास जब साहित्य में आता है तो वह मानवीय संवेदनाओं के साथ आता है। यह सत्ता या शासक का इतिहास नहीं होता बल्कि यह सामाजिक सांस्कृतिक दस्तावेज बन जाता है। उदयप्रकाश की कहानियों में इतिहास 'बेकसूर आदमी का हलफनामा' है, देश और

समाज को समग्र रूप से अतीत वर्तमान और भविष्य मे परखने का माध्यम है क्योंकि उनके अनुसार– "इतिहास असल में सत्ता का एक राजनीतिक दस्तावेज होता है........ जो वर्ण, जाति, या नस्ल सत्ता में होती है वह अपने हितों के अनुरूप इतिहास निर्मित करती है। इस देश और समाज का इतिहास अभी लिखा जाना बाकी है।"[3] उदय प्रकाश अपनी कहानियों में इस देश और समाज का इतिहास अपने ही ढंग से रच रहे हैं। देखें–

"और अंत में प्रार्थना – अंतहीन परतंत्रता"

"कहीं हमारे देश में लोकतंत्र का असली अर्थ जनता द्वारा अपनी शत्रु व्यवस्था का चुनाव तो नहीं है?"[4]

सत्य, अहिंसा, गाँधी और गोड़से या सत्य, अहिंसा, वाकणकर और लोकतंत्र

सत्य, अहिंसा, से स्वतंत्रता (स्वराज) की लड़ाई लड़ते गाँधी, एक लम्बी लड़ाई ब्रिटिश सत्ता के खिलाफ लड़ते गाँधी। अधनंगे बूढ़े से डरते अंग्रेज, उस गाँधी के सामने ब्रिटिश सत्ता के समस्त हथियार कमजोर पड़ जाते थे। अंग्रेज उस सत्याग्रही (सत्य का आग्रह) को मार नहीं सके, वह सत्ता जिसका सूर्यास्त नहीं होता था वे गाँधी को न भारत में और न ही इग्लैण्ड में मार सके उसे मारा तो स्वतंत्रता के पश्चात प्रार्थना के बाद एक हिन्दुस्तानी हिन्दू ने। उस दिन गाँधी की हत्या नहीं उनके सिद्धांतो की हत्या थी उनके विचारों की हत्या थी। क्या यह अंतिम हत्या थी? नहीं इसके बाद हर उस आदमी की हत्या इस स्वतंत्र भारत में होती रही है जो तन्त्र के खिलाफ जाता है, जो सत्य अहिंसा, साधन और साध्य की पवित्रता, स्वराज और स्वदेश की बात करता, ईश्वर में (शैतान में नहीं) आस्था रखता है ऐसे हर आदमी को मारा जा रहा है, तरीके बदल रहे हैं, अब बन्दूक की गोली से नहीं 'तंत्र' से मारा जा रहा है।

एक गुलामी से दूसरी गुलामी या परतंत्र से लोकतंत्र तीन थके रंगो को एक पहिया ढोता; जिसमें 'सब चुप, साहित्यिक चुप, और कवि जन निर्वाक/चिन्तक शिल्पकार, नर्तक चुप हैं।' और इनके साथ डोमा जी उस्ताद........हैं, डॉ. दिनेश मनोहर वाकणकर भी देखते हैं कि प्रधानमंत्री की यात्रा में ये सब फिर एक साथ हैं।

'..........और अंत में प्रार्थना' ब्रिटिश सत्ता की गुलामी से मुक्ति के बाद की गुलामी की कथा है जिसमें डॉ. वाकणकर की यन्त्रणा और त्रासदी हर उस आदमी की त्रासदी है, मुक्तिबोध के 'सिरफिरा' चरित्र की त्रासदी है, जिसमें जागृति है, जो प्रतिभावन है, सच्चा, ईमानदार और जागृत है। 'जो जागत है वो रोवत है' इसलिए अव्यवहारिक है, जो अपने पेशे के प्रति ईमानदार है कर्तव्य बोध से बंधा है, ऐसे ही मारा जाएगा जैसे गाँधी को प्रार्थना के बाद मंदिर में मारा गया, जैसे सफदर हाशमी 'नुक्कड़' पर मारा गया था, जैसे डॉ. वाकणकर सचाई के साथ प्रार्थना करता अस्पताल में मारा गया।

"स्वतंत्र भारत की देशी सरकार का अण्डमान निकोबार"[5]

"काले पानी का दण्ड दीप"[6]

ब्रिटिश सरकार स्वतंत्रता कामियों को, भारतीयों को, सत्याग्रहियों को दण्ड स्वरूप अण्डमान अर्थात काले पानी की सजा देती थी। सत्ता बदली, समय नहीं! इस स्वतंत्र भारत में अब भी काले पानी की सजा जारी है। किसी भी सरकारी महकमे के सत्याग्रही को, मुक्ति की चाह रखने वाले को, सत्ता और तन्त्र का विरोध करने वाले के लिये अब भी काले पानी की सजा कायम है उसका नाम विधानपुर, ढींगर गाँव...... जैसा कुछ भी हो सकता है जहाँ न सड़कें है, न शुद्ध पेय जल, जहाँ आधुनिकता अभी पहुँची नहीं परन्तु यहाँ भी तन्त्र, विकास के नाम पर उस आदिवासी अंचल का विनाश करने से भी नहीं चूकता। नील के अपराधी तो चले गये, छोड़ गये देशी अंग्रेज जो आदिवासी अंचल के ढींगर गाँव में पेपर मिल लगाऐंगे, फिर जंगल उजाड़ेंगे जिससे जल

स्तर गिरेगा। वे आदिवासियों, जन–जातियों की परंपरागत औषधियों को खत्म कर देंगे, नदी का जल दूषित होगा, अमेरिकी पूँजी और शासन तन्त्र की साँठ–गाँठ इसे उजाड़ देगी।

'.....और अंत में प्रार्थना' भारतीय लोकतंत्र में तंत्र, सत्ता और विचारधारा (?) के अपने हित में उपयोग की कथा है।

पॉल गोमरा का स्कूटर.............स्मृतियों का कोलाज

"स्मृतियाँ जिजीविषा का सबसे विश्वसनीय सूत्र हैं।"[7]

"जो प्रजातियाँ लुप्त हो रही हैं,
यर्थाथ मिटा रहा है जिनका अस्तित्व
हो सके तो हम उनकी हत्या में न हों शामिल
और संभव हो तो संभालकर रख लें
उनके चित्र......
ये चित्र अतीत के स्मृति चिह्न हैं।"[8]

पॉल गोमरा स्वतंत्रता के बाद का वो आम आदमी है जो स्वतंत्रता पूर्व की स्थिति के प्रति 'नॉस्टेलाजिक' है, भारतीय इतिहास, भारतीय अतीत उसे अन्दर तक सम्मोहित करता है। भाषा में भदेस उत्तर प्रदेश का यह हिन्दी कवि धूमिल मुक्तिबोध, रघुवीर सहाय की तरह मोहभंग की स्थिति में है।

स्मृतियाँ और पॉलगोमरा – पॉलगोमरा के अंदर स्मृतियाँ हैं जो उसकी अपनी भोगी हुई भी हैं और जो उसे विरासत में भी मिली हैं। वह भौंचक्क सा इस समय को देख रहा है। वह बाहर से इस युग को आत्मसात करता है, रामगोपाल शर्मा से पॉलगोमरा बनकर जैसे अपाची इंडियन, रेमू फर्नांडीस, सैम पित्रोदा परन्तु एक ध्रुवीय होती दुनिया, समाजवाद, हिन्दी पत्रिकाओं और अखबारों को दिल्ली से साफ होता देखकर बाजार का विकल्प बनती दुनिया, स्त्रियों का विज्ञापन में (दुर) उपयोग देखकर, मशीन युग से इलेक्ट्रानिक युग

तक की यात्रा, पौराणिक चरित्रों का उत्तर आधुनिकी करण देखकर, खाड़ी युद्ध, दिल्ली में डंकल, मंत्रालय के सचिव स्तर के प्रशासनिक अधिकारी को साहित्य विभूषण वेदव्यास सम्मान मिलने जैसी घटनाओं को देखकर उसमें एक आक्रोश (?) उभरता है जो कुण्ठा में बदल जाता है। और उसके अन्दर स्मृति के कोलाज बनने लगते हैः– गालिब, मीर, मुक्तिबोध धूमिल.........और पिछले पांच सालों में कवियों की आत्महत्याएँ, गाजियाबाद का लॉस एंजिलिस की तरह अपराधियों का शहर बनना, यथार्थ का सूचना में बदलना, इतिहास का अंत ईश्वर की मृत्यु, हिन्दी भाषा (रेख्ता) का संबन्ध मोचियों, जुलाहों, नाइयों, धोबियों फकीरों, और साधुओं की भाषा होना इकबाल का तराना, दाण्डी मार्च, गाँधी का प्रिय भजन, आजाद हिन्द फौज का तराना पूरा इतिहास उसे स्मरण हो आता है क्योंकि उसे चिन्ता है अतीत के स्मृति चिह्नों की जो तेजी से नष्ट हो रहे हैं और नष्ट हो रही है संस्कृति, बाजार इसे लील जाना चाहता है, या लील रहा है।

वॉरेन हेस्टिंग्स का साँड़ – आख्यान में लीला

"सच यह भी है कि ढाई सौ साल पहले और आज के बीच कुछ ऐसा भी है, जो जरा भी नहीं बदला है। वह ज्यों का त्यों है। आप कह सकते हैं कि इतिहास के अंत की घोषणा करने वाले तमाम पण्डितों के बावजूद इतिहास सतत् निवर्तमान है। वह निरन्तर है।"[9]

भारतीय इतिहास की ऐतिहासिक तिथि 1757, नवाब सिराजुद्दौला, बंगाल के नवाब की पराजय और मीर जाफर का विश्वासघात, लॉर्ड क्लाइव की जीत, 1857 प्रथम स्वतंत्रता संग्राम (बगावत, गदर) 1947 आधी रात की स्वतंत्रता, भारत विभाजन, रक्त रंजित आजादी और 21वीं शताब्दी, इतिहास सतत् है........। अंग्रेजों ने इस देश को लूटा और आज भी भारतीय अंग्रेजों द्वारा देश की लूट जारी है। ब्रिटिश सत्ता काल में और आज में कोई फर्क नहीं है देखें "सौ सालों के बाद जब अंग्रेज मालामाल होकर वापस अपने वतन इंग्लैण्ड लौटेंगे तब भी

इंडिया में उनके जैसे ही नेटिवों का राज होगा। वे लोग वही खाएंगे, जो अंग्रेज खाते हैं। वही पियेंगे, जो अंग्रेज पीते हैं। वे वही भाषा बोलेंगे, जो अंग्रेज बोलते हैं। उनके कपड़े, विचार, स्वप्न और आकांक्षाएँ अंग्रेजी होंगी; वे हर इंडियन चीज से घृणा करेंगे। वे इंडिया को उससे भी ज्यादा लूटेंगे, जितना विदेशी कंपनियों ने लूटा है।"[10]

"अनेक यूरोप वासियों के मन में भारत के नाम से महाराजाओं, संपेरों और नटों की तस्वीर उभरती है। इस प्रवृत्ति ने उन चीजों में आकर्षण तथा रोमानियत का संचार किया, जो भारतीय थीं।"[11]

वॉरेन हेस्टिंग्स इन्हीं यूरोप वासियों का प्रतिनिधि है जिनके मन में भारत को लेकर एक विचित्र प्रकार की धारणा थी इसीलिए वॉरेन हेस्टिंग्स के बहाने उदय प्रकाश ने उपनिवेशीकरण को स्पष्ट किया है। बंगाल के बाउल गीत, जयदेव और चैतन्य महाप्रभु का कृष्ण कीर्तन, गीत गोविन्द में कृष्ण की लेखनी, भारतीय स्त्रियों और देवियों की विचित्र वेशभूषा और सवारी सब एक सम्मोहन पैदा करते थे। वॉरेन हेस्टिंग्स का कृष्णमय होना, वृन्दावन और मथुरा घूमना सब एक आकर्षण और सम्मोहन है।

"इतिहास में कथा के मिश्रण और कथा में इतिहास के मिश्रण के बीच एक फर्क है। इतिहास में कथा का मिश्रण इतिहास का खिलौना बनाना है कभी–कभी उसका विकास भी। कथा में जब इतिहास मिश्रित किया जाता है, वह ज्यादा मूल्यवान होता है क्योंकि ऐसी कथा इतिहास में बनी खाइयों और खाली जगहों को भरती है। कथा न हो तो संभवतः इतिहास भी न हो।"[12]

'वॉरेन हेस्टिंग्स का साँड़' इसी तरह कथा में इतिहास और इतिहास की खाइयों और खाली जगहों को कथा से भरा है, पूरे इतिहास–बोध के साथ। भारतीय संस्कृति, धर्म और साहित्य के प्रति अंग्रेजों के अनुराग को उदयप्रकाश ने यहाँ विभिन्न तरीकों से रखा है। यहाँ की आध्यात्मिकता और दन्त्य कथाओं को मिलाकर एक अद्भुत

बुनावट के साथ अपनी संस्कृति और साहित्य के साथ पाश्चात्य संस्कृति और साहित्य का भी चित्रण किया है। भारतीय इतिहास और ज्ञान को जानने के लिए वॉरेन हेस्टिंग्स ने क्या किया यह कथा में बुनावट के साथ आया है "जिसने भी इतिहास पढ़ा है वह यह जानता है कि वॉरेन हेस्टिंग्स ने गवर्नर जनरल बनने के बाद इंग्लैण्ड से सर विलियम जोन्स, सर चार्ल्स विल्किंस, नाथेनिवल हालहेड और कोल ब्रुक जैसे विद्वानों को भारत बुलाया और उनसे कहा कि इस देश की विद्या और दर्शन के छुपे हुए अनमोल और विलक्षण खजाने को वे दुनिया के सामने लाएँ।"[13]

भारतीय जीवन और संस्कृति, उच्च और श्रेष्ठ मूल्य और उनका ह्रास दोनों ही भारतीय जीवन की त्रासद विडम्बना है। इसी विडम्बना को कभी मीर जाफर की गद्दारी से तो कभी नवाब सिराजुद्दौला के वफादार मोहनलाल की बेटी चोखी के माध्यम से उदयप्रकाश ने प्रस्तुत किया है।

उदयप्रकाश वर्तमान, अतीत और भविष्य को इस तरह मिला देते हैं कि घटना एक कालखण्ड की न रहकर हर काल में गमन करती है। इसी उद्धरण को लें– "फ्रांसीसी कंपनी में सबसे मुख्य अंतर यह था कि जहाँ फ्रांसीसी कंपनी सरकारी या प्राइवेट सेक्टर की थी वहाँ ईस्ट इण्डिया एक प्राइवेट कंपनी थी। इसीलिए उसके अफसर और मुलाजिम ज्यादा से ज्यादा मुनाफा कमाने के लिए ज्यादा जी–जान लगाते थे।"[14] आज भी प्राइवेट कंपनियाँ सरकारी कंपनियों की तुलना में ज्यादा मुनाफा कमा रहीं हैं।

पीली छतरी वाली लड़की – अंधेर नगरी से भारत दुर्दशा तक

पीली छतरी..........कहानी इतिहास तो है परन्तु वर्तमान का, इसी समय का ऐतिहासिक दस्तावेज है "यह तो इसी समय और इसी यथार्थ में अभी जिये जा रहे जीवन का एक ब्यौरा भर है। एक अनिर्णीत अख्यान का एक टुकड़ा।"[15] यह ब्यौरा तो आज का है परन्तु

इसमें अब तक की ऐतिहासिक पृष्ठभूमि भी है। उदयप्रकाश ने इस कहानी में इतिहास को सत्ता का दस्तावेज कहा है। इतिहास जाति, नस्ल या सत्ता के पक्ष में लिखा जाता रहा है। इतिहास में आदिवासियों की उपस्थिति का नकार इस बात का प्रमाण है कि इतिहास सत्ता का ही होता है। वे लिखते हैं "अंग्रेजों के खिलाफ लडाई सिर्फ ब्राहमणों, ठाकुरों, बनियों या हिन्दू–मुसलमानों ने ही लड़ी है। अब तक के इतिहासकारों ने जिन नायकों का निर्माण किया था, वे सब इन्ही पृष्ठभूमियों के थे। उनमें आदिवासी और दलित लगभग नहीं थे।"[16]

वर्तमान समय, 21वीं शताब्दी के यथार्थ को उन्होंने टुच्चा समय कहा है "यह एक क्रूर टुच्चा अपराधी समय है, जिसमें इस वक्त हम लोग फँसे हैं। यह ठगों, मवालियों जालसाजों, तस्करों और ठेकेदारों का समय है। और इस वक्त हर ईमानदार, शरीफ और सीधा–सादा हिन्दुस्तानी इस राज में काश्मीरी है या मणिपुरी या फिर नक्सलवादी।"[17] भारत के किसी भी हिस्से में काश्मीरी या मणिपुरी का रहना कठिन है। उस भारत में जिसका संविधान समानता का अधिकार देता है, देश में कहीं भी बसने की आजादी देता है, और उसी देश में "क्षेत्रीयताएँ, जातीयताएँ और तलछट की घाटियाँ छोटी ताकतें अचानक बाहर की ओर फूट पड़ी हैं और इस देश के अब तक के बने महा–रूपकों और संघीय मिथकों का विनाश कर रही हैं।"[18] कहीं कोई आदर्श नहीं, वर्षों से राष्ट्रवाद के नाम पर घृणा फैलाने का सिलसिला जारी है "क्या इतिहास का सचमुच अंत हो चुका है ? या फिर इस देश के शासकों और नागरिकों की स्मृतियाँ नष्ट हो चुकी हैं। या यह समय ही एक बिल्कुल बदला हुआ समय है। यह एक नयी दुनिया है, एक नयी विश्व व्यवस्था। इसमें अतीत के अब सारे संदर्भ अ–प्रासंगिक हैं लेकिन अगर ऐसा है, तो अभी 'पोखरण' को क्यों पैदा किया गया? क्या यह सचमुच राष्ट्रवाद ही है या एक तरह की सामुदायिक घृणा? एक निश्चित इरादे से जगाई गयी सांप्रदायिकता?"[19]

तो यह समय है, आज का भारत है, अंधेर नगरी, उगलता गगन घन अंधकार और कहीं कोई जलती मशाल नहीं, जय के कोई आसार नहीं, नगरों से, ग्रामों तक सभी मानव सुखी सुन्दर व शोषण मुक्त कब होंगे? यह समस्या अब भी जस की तस है, क्योंकि "दरअसल ये दुनिया ट्रेडर्स की, व्यापरियों की हो गई है।"[20] इसीलिए "अब कहीं कोई नागरिक, समाज नहीं बचा सिर्फ सरकारें, कंपनियाँ, संस्थाएँ और माफिया गिरोह हैं।"[21]

मोहनदास बनाम होरी

गोदान की लालसा लिए होरी अपने नाम और अपनी पहचान के साथ अंतिम सांस लेता है और अपनी 'मरजाद' की रक्षा भी करता है। गरीबी, ऋणग्रस्तता, शोषण के बाद भी होरी की पहचान कायम रहती है उसका आत्माभिमान कुचला नहीं जाता परन्तु 21वीं सदी में मोहनदास के सामने अपनी पहचान का संकट है, उसके आत्माभिमान को महाबलियों ने चकनाचूर कर दिया है और न्याय भी उन्हीं महाबलियों के पक्ष में जाकर खड़ा हो गया है।

'मोहनदास' इतिहास का नया पाठ है और मोहनदास को गाँधी की पृष्ठभूमि से जोडकर देखना अपने समय का पाठ है। मोहनदास के बहाने उदयप्रकाश स्वीकारते हैं– "हमेशा की ही तरह कहानी की आड़ में आपको फिर से अपने समय और समाज की एक असली जिन्दगी का ब्यौरा देने बैठा हूँ।"[22] अपने समय का ब्यौरा तो उदय प्रकाश दे ही रहे हैं परन्तु यहाँ समय वह नहीं जो कैलेण्डर में है यहाँ समय बंटा हुआ है। 21वीं शताब्दी है तो 20वीं शताब्दी भी "मनुष्य रहता एक ही दुनिया में है, किन्तु उसके काल–खण्ड समय व द्वीप साथ बहते हुए एक दूसरे से कितने अलग दिखाई देते हैं। क्या एक आदिवासी कलाकार का समय वही है जिसमें 'आधुनिक' कलाकार रहता है।"[23] यही फर्क है बिसनाथ और मोहनदास में। बिसनाथ मोहनदास के समस्त दस्तावेजों के आधार पर उसी के नाम से वो

नौकरी पा लेता है जिसका हकदार मोहनदास है और मोहनदास अपनी, अपने नाम की पहचान तक खो देता है। और फिर लड़ता है एक लम्बी लड़ाई, न्याय की लड़ाई परन्तु उसे न्याय नहीं मिलता; मिलती है प्रताड़ना। अन्त में वह कहता है– "मै किसी भी अदालत में चलकर हलफनामा देने के लिए तैयार हूँ। मेरे बाप का नाम काबा कि मैं मोहनदास नहीं हूँ।"[24] पूरी कहानी में समय खण्डों में विभक्त है। वह आज का समय भी है जब महाबली अन्याय और धोखाधड़ी से 'पॉवर' प्राप्त कर रहे हैं तो यह 1932–33 का समय भी है जब होरी दातादीन, मातादीन, जमींदार, रायसाहब से घिरा था। परन्तु स्वतंत्र भारत का संकट बड़ा है, मोहनदास का संकट होरी के संकट से बड़ा है। वहाँ गोदान की लालसा है यहाँ नौकरी की परन्तु वहाँ पहचान का संकट नहीं है। 21वीं सदी ने आदमी की पहचान खत्म कर दी है, शायद आदमीयत की भी।

संदर्भ सूची

1. साहित्य और इतिहास – दृष्टि – मैनेजर पाण्डेय – भूमिका से।
2. पूर्व और पश्चिम, निर्मल वर्मा, वागर्थ, अंक–49 अप्रैल 1999 – पृष्ठ 27।
3. पीली धरती वाली लड़की – उदय प्रकाश – पृष्ठ 14।
4. और अंत में प्रार्थना – उदय प्रकाश – पृष्ठ 141।
5. और अंत में प्रार्थना – उदय प्रकाश – पृष्ठ 134।
6. और अंत में प्रार्थना – उदय प्रकाश – पृष्ठ 131।
7. छुट्टी के दिन का कोरस – प्रियंवद – पृष्ठ 115।
8. पॉल गोमरा का स्कूटर – उदय प्रकाश – पृष्ठ 76।
9. वॉरेन हेस्टिंग्स का सॉड – उदय प्रकाश – पृष्ठ 104।
10. वॉरेन हेस्टिंग्स का सॉड़ – उदय प्रकाश – पृष्ठ 104।
11. पूर्व पीठिका, भारत का इतिहास – रोमिला थॉपर – पृष्ठ 108।
12. सभ्यता से संवाद, शंभुनाथ – पृष्ठ 210।
13. वॉरेन हेस्टिंग्स का साँड़ – उदय प्रकाश – पृष्ठ 138।
14. वॉरेन हेस्टिंग्स का साँड़ – उदय प्रकाश – पृष्ठ 111।

15. पीली छतरी वाली लड़की – उदय प्रकाश – फ्लेप पर।
16. पीली छतरी वाली लड़की – उदय प्रकाश – पृष्ठ 10।
17. पीली छतरी वाली लड़की – उदय प्रकाश – पृष्ठ 20।
18. पीली छतरी वाली लड़की – उदय प्रकाश – पृष्ठ 42।
19. पीली छतरी वाली लड़की – उदय प्रकाश – पृष्ठ 64।
20. पीली छतरी वाली लड़की – उदय प्रकाश – पृष्ठ 20।
21. पीली छतरी वाली लड़की – उदय प्रकाश – पृष्ठ 21।
22. मोहनदास, उदय प्रकाश हंस, अगस्त 2005 – पृष्ठ 96।
23. पूर्व और पश्चिम, निर्मल वर्मा, वागर्थ, अंक–49 अप्रैल–1999 – पृष्ठ 28।
24. हंस, अगस्त, 2005 – पृष्ठ 127

11

आदिवासी अस्मिता और इधर का उपन्यास साहित्य

"आदिवासियों की सबसे बड़ी विशेषता यह है कि उनकी जरूरतें सबसे कम हैं, वे प्रकृति और पर्यावरण का कम से कम नुकसान करते हैं।"[1] उदय प्रकाश

किसी को नुकसान न पहुँचाने वाले सीमित साधनों में गुजर–बसर करने वाले अपनी धरती और संस्कृति में मगन इन आदिवासियों का निरन्तर शोषण हो रहा है, उन्हें उनकी जमीन से बार–बार बेदखल किया जा रहा है; यूरेनियम के लिए, तांबे के लिए, लोहे के लिए, बाक्साइट के लिए जंगल की जमीन के लिए, बड़े–बड़े बाँधों के लिए उन्हें बार–बार बेदखल किया जाता रहा है, किया जा रहा है।

इधर के उपन्यास साहित्य (2009 से 2015 में प्रकाशित 04 उपन्यास) में आदिवासियों की इस बेदखली को जंगलों से उनके निष्कासन को उनकी सांस्कृतिक परम्पराओं को, और उन पर हो रहे अत्याचारों को उपन्यासकारों ने भरपूर संवेदनात्मकता के साथ अभिव्यक्त किया है।

'ग्लोबल गाँव के देवता या बहुराष्ट्रीय कंपनी'

ग्लोबलाइजेशन या भूमण्डलीकरण ने आदिवासी अंचलों के निवासियों

को उनके जल, जंगल और जमीन से निष्कासित कर दिया है। अब उनके देवता 'असुर' नहीं अब वहाँ के देवता है बहुराष्ट्रीय कंपनियाँ। उपन्यासकार रणेन्द्र ने असुर जनजाति की इसी व्यथा को कथा में शोध पूर्ण तरीके से बुना है। असुर जनजाति की ऐतिहासिक पृष्ठभूमि, उनके संबन्ध में प्रचलित मान्यताओं और उनके मिथक में बदलने की प्रक्रिया को उपन्यासकार ने 'ग्लोबल गाँव के देवता' उपन्यास में अभिव्यक्त किया है।

'असुर' जो 'सुर' (देवता) नहीं यानि राक्षस दानव ऐसी ही धारणा प्रचलित है "दस–बारह फीट लम्बे दाँत–वाँत बाहर। हाथों में तरह–तरह के हथियार नरभक्षी, शिवभक्त – शक्तिशाली। किन्तु अंत में मारे जाने वाले। सारे देवासुर संग्रामों का लास्ट सीन पहले से फिक्स्ड।"[2] यद्यपि इन असुरों का उल्लेख ऋग्वेद से होता आया है। उपन्यास के एक असुर पात्र रूमझुम ने स्पष्ट किया है– "हम वैदिक काल के सप्तसिन्धु के इलाके से लगातार पीछे हटते हुए आजमगढ़, शाहावाद, आरा, गया, राजगीर से होते इस नव प्रान्तर कीकट; पौड्रिक कोकराह या चुटिया नागपुर पहुँचे। हजार सालों में कितने इन्द्रों, कितने पाण्डवों, कितने सिंगबोंगा ने कितनी–कितनी बार हमारा विनाश किया, कितने गढ़ ध्वस्त किये, उसकी गणना किसी इतिहास में दर्ज नहीं है। केवल लोक कथाओं और मिथकों में हम जिन्दा हैं।"[3] और अब वैश्विक पूँजीवाद के पंजे उनके बचे–खुचे अस्तित्व को भी समेट रहा है। असुरों की धरती के नीचे दबा है बॉक्साइट। इस बॉक्साइट के लिए उन्हें उनकी बस्तियों के बाहर किया जा रहे हैं, उनके घर उजाड़े जा रहे हैं। इन असुरों का जीवन बड़ा कष्टमय है। मजदूरी मिलती नहीं, फसलें इतनी होती नहीं कि उसके भरोसे साल निकल जाए ऊपर से बॉक्साइट के लिए खोदे गये गड्ढे "एक तरफ इन खानों ने मजूरी दी दूसरी तरफ बरबादी के सरंजाम भी खड़े किए। पिछले पच्चीस–तीस सालों में खान–मालिकों ने बड़े–बड़े गड्ढे छोड़े हैं, बरसात में इन गड्ढों में पानी भर जाता है और मच्छर पलते है। सेरेबल मलेरिया

यहाँ के लिए महामारी है, महामारी।"[4] एग्रीमेंट की पहली शर्त जब यह है कि गड्ढा भरना है तो फिर उसे भरा क्यों नहीं जाता? इस सबके बावजूद उपन्यासकार ने इन असुरों को संघर्षरत दिखाया है। ये जान गए हैं कि उनकी जमीन से उन्हें उजाड़ने वाले कौन हैं। उनकी पीड़ा इतनी ही नहीं है उनके स्कूलों की सुविधाएँ संपन्न लोगों के स्कूलों को दी जा रही हैं। असुरों के सौ से ज्यादा घर उजाड़ कर पाथरपाट का स्कूल बनाया गया है "अरे मास्टर साहब! क्या तो आदिवासियों का आवासीय स्कूल। पहले जाकर पाथरपाट का जगप्रसिद्ध स्कूल देख आए। तब समझ में आएगा कि असल स्कूल क्या होता है और फुसलावन स्कूल क्या होता है।"[5] यही नहीं विडम्बना तो यह है कि जहाँ से बॉक्साइट निकाला जाता उन्हें गड्ढे मिलते हैं और वहाँ से डेढ़ दो सौ किलोमीटर दूर जहाँ प्रोसेस होकर यह बॉक्साइट अल्युमिनियम में ढलता है वह जगह सिल्वर सिटी ऑफ इण्डिया कहलाती है।[6] उपन्यासकार ने आदिवासियों के शोषण और निष्कासन उनकी संस्कृति और धरोहरों के विनाश की वैश्विक परिदृश्य पर चिन्ता व्यक्त की है। आदिवासियों के साथ मिलकर बाहरी तत्वों से जो भी संघर्ष कर रहा है, निजीकरण के खिलाफ वेदांग जैसी विदेशी कंपनी जो देशी नाम से लूट रही है के विरोध में जो भी खड़ा है उन्हें विभिन्न तरीकों से परेशान किया जा रहा है। उन्हें नक्सली बता कर उन पर केस ठोका जाता है। छत्तीसगढ़ हो, या मणीपुर के इम्फाल में इरोम शर्मिला हो या केरल की सी.के. जानू हो या महाराष्ट्र के कोंकण में आदिवासियों की लड़ाई लड़ती सुरेखा दलवी हो या रीवा जिले की दुवसिया देवी हो या छिन्दवाड़ा गौंड की दयाबाई।[7] सबके विरूद्ध जनतंत्र के अगुआ खड़े हैं।

'मरंगगौंडा नीलकण्ठ हुआ या धरती में बोया विष बीज'

अहा् धरती कितना देती्! हरे भरे जंगल, वन प्रांतर, कल–कल बहती नदियाँ, पर्वत, फूल, फल, अन्न, वस्त्र बहुमूल्य जड़ी–बूटियाँ और

इसी धरती की कोख में है बॉक्साइट, यूरेनियम, लोहा, कोयला, तांबा और बहुत कुछ। इसके अंदर छुपे इसी खजाने को लूटने वाले बाहर से आते हैं और जो यहाँ के मूल निवासी हैं, जो थोड़े में संतुष्ट होते हैं, इस प्रकृति को ही देवता मान इसको पूजते हैं, वे तो यह भी नहीं जानते कि इसके अंदर छुपी खनिज संपदा ही उन्हें उनकी धरती से दूर कर रही है। ये भोले लोग अपनी परम्पराओं, रीति–रिवाजों में मगन हैं, खुश हैं और बाहरी लोग उनसे उनकी धरती बड़ी चालाकी से छीन लेते हैं और जब तक उन्हें पता चलता है तब तक बहुत देर हो चुकी होती है।

'हो' जनजाति की ऐतिहासिक और सांस्कृतिक पृष्ठभूमि के साथ धरती के अंदर छुपी खनिज संपदा के दोहन से उपजे और उनके जीवन पर पड़ने वाले दुष्प्रभावों का शोधपूर्ण चित्रण है महुआ माझी के उपन्यास 'मरंगगोड़ा नीलकण्ठ हुआ' में। सारंडा का घना जंगल जहाँ प्राकृतिक सौन्दर्य बिखरा पड़ा है और है आदिवासियों की उसके प्रति आस्था उसके प्रति पूज्य भाव। इसी के कुछ दूर पर ही है मरंगगोडा (मूलतः जादूगोड़ा) जो नीलकण्ठ हो गया; उसकी हरी–भरी धरती, गगन चुम्बी वृक्ष, नदियाँ सभी यूरेनियम के कारण प्रदूषित हो गये हैं "यूरेनियम खदानों ने हमारी बहुमूल्य संपत्ति छीन ली हमसे। अब हमारे पास खोने के लिए कुछ नहीं बचा है। हम आदिवासियों के पास तो संपत्ति के नाम पर होती है शुद्ध हवा, हरे–भरे स्वस्थ पेड़, स्वच्छ पानी, जंगलों से ढंके पहाड़, पंछी, जानवर, जंगली फूल फलों के पेड़......। अब सब खत्म हो रहा है। इनके साथ–साथ हमारी संस्कृति भी नष्ट हो रही है।"[8]

यूरेनियम की खदानें मरंगगोड़ा की धरती के लिए विनाश का कारण बन गईं। ये धरती, ये जंगल आदिवासियों के घर हैं परन्तु इस पर सरकारी तन्त्र का, वन विभाग का अधिकार हो गया है। आदिवासियों की रोजी–रोटी छिन गई है "जंगल के बिना हम जिएंगे कैसे? हमारी

झोपड़ी, खटिया बनाने की लकड़ी और रस्सी जंगल से आती है। साल पत्ते में हम और हमारे बोंगा, हमारे देसाउलि डियंग पीते हैं, खाना खाते हैं।' जब धान नहीं होता तब जंगली फल, मूल, कंद आदि खाकर ही तो हम पेट भरते है। उनके साथ–साथ लाह, तसर, गुटि, करंज के बीज, दोना पत्तल आदि बेचकर चावल, नमक इत्यादि खरीद लाते हैं। साल की लकड़ी और पत्तों के बिना शादी ब्याह से लेकर जन्म–मृत्यु तक का कोई भी संस्कार संभव है क्या?"[9]

मरंगगोड़ा नीलकण्ठ क्यों हुआ? विकिरण और प्रदूषण के कारण। उपन्यास में लेखिका ने हो जनजाति और मरंगगोड़ा का यथार्थ चित्रण किया है। उनके अतीत को वर्तमान से जोड़ते हुए उपन्यास का आरंभ इन शब्दों से किया है "ये उन दिनों की बात है जब मरंग गोड़ा में सभी के हाथ पाँव बिल्कुल सही सलामत थे। किसी का सिर असामान्य रूप से बड़ा या छोटा नहीं दिखता था। किसी की देह घिनौने घावों से बजबजाती नहीं थी। केंदु फल के बीज न तो टेढ़े हुआ करते थे और न ही गायब। गाय बकरियों के जबड़े, दाँत या मसूड़े सड़ गल कर गिरते नहीं थे। आसन्न तूफान या बारिश की जानकारी देने के लिए लिपि जैसे लाल मटमैले पंछी गाँव, जंगल टोला में हर वक्त मोतायेन रहते। लोग भक्ति श्रद्धा से बिरबोंगा (जंगल देवता), बुरू बोंगा (पहाड़ देवता) की पूजा किया करते।[10] अज्ञानता के चलते आदिवासी जान ही नहीं पाते हैं कि उनके साथ जो घटनाएं हो रही हैं; जो बिमारियाँ हो रही हैं वे विकास की अंधाधुंध दौड़ के कारण, विदेशी कंपनियों के अधिक से अधिक लालच के कारण हो रही हैं। वे तो यही समझते हैं कि यह ईश्वरी प्रकोप है या डायन जैसा कुछ है।

यूरेनियम की खदानों से निकलती पीली धूल मरंगगोड़ा के लोगों को बीमार कर रही है परन्तु वे इससे अनजान खदानों में काम कर रहे हैं। खदानों से निकलने वाले गीले कचरे को डैम में डालने से कचरा सूखकर मैदान में परिवर्तित हो गया। इस पर खेलने से वहाँ अनेक

रोग फैल रहे है। गर्भपात, विचित्र बच्चों का जन्म आदि के लिए ये अनपढ़ आदिवासी डायन का प्रकोप बताते हैं और निर्दोषों को परेशान करते हैं। इसी विकिरण के और प्रदूषण के खतरे को लेखिका वैश्विक स्तर पर बताते हुए लिखती है एवं हीरोशिमा और नागासाकी पर हुए परमाणु हमले की भयावहता को देखती है "विकिरण जीवित प्राणी के जीन के साथ छेड़छाड़ करता ही है। यह स्त्री–पुरुष की जनन क्षमता को भी प्रभावित करके उन्हें बाँझ बना देने की ताकत रखता है।"[11] आदिवासियों के जंगल और जमीन उनसे छीने जाते हैं और मुआवजा मिलता तो है परन्तु जो नुकसान हो जाता है उसकी भरपाई नहीं होती "भले ही मुआवजा देकर कंपनी ने कुछ लोगों का भला किया हो पर इसके कारण हमारा वातावरण तो प्रदूषित होता ही रहेगा न! हमारी आने वाली पीढ़ियाँ बीमार होती ही रहेंगी न! हमारी विकलांगता, हमारी असामयिक मौत देख वैसे भी हमारे पुरखों की आत्मा रो रही होगी। कंपनी चाहे कितना भी मुआवजा क्यों न दे दे, बीमारों के इलाज की व्यवस्था कर दे मगर हमारे स्वास्थ्य, हमारी स्वच्छ हवा को, जो हम गरीबों की एकमात्र पूँजी थी; को तो वापस नहीं ला सकती है न! जब हम तमाम मुसीबतों की जड़ ये खदानें, ये मिलें हैं तो क्यों न इन्हें ही बंद करने की मांग करें। जहरीले सांप को उसके बिल में रहने देना ही बुद्धिमानी है। बाहर लाना नहीं।[12]

'गायब होता देश' या "शिकारियों ने जो तोड़ा"

रणेन्द्र ने जनजातिय जीवन और संस्कृति और उनके निर्वासन विस्थापन की पीड़ा 'ग्लोबल गाँव के देवता' में पूरी संवेदनशीलता से कही। वहाँ है असुर जनजाति का संघर्ष और विदेशी कंपनियों द्वारा किया जाने वाला शोषण। उन्हीं का दूसरा उपन्यास है 'गायब होता देश'। इसमें है मुण्डा जनजाति की संस्कृति, उनकी ऐतिहासिक पृष्ठभूमि, उनकी वैज्ञानिक दृष्टि, प्रकृति के प्रति उनका अनुराग, आस्था और पूज्य भाव, और उनको उनके मूल से विच्छिन्न करने वाले हैं देशी

और विदेशी लुटेरे। ये लुटेरे छल से, बल से, छद्म से उनसे उनकी पहचान, उनकी जीवन धारा से उन्हें काट रहे हैं। इनकी लूट जादूगर सी है। ये पूँजीपति, रियल एस्टेट के माफिया, पत्रकार जादू से देखते–देखते सब गायब कर देते हैं। सोने जैसा मुंडाओं का देश भी इसी तरह गायब होता जा रहा है– "सरना वनस्पति जगत गायब हुआ मरांग – बुरू बोंगा, पहाड़ देवता गायब हुए, गीत गाने वाली, धीमे बहने वाली, सोने की चमक बिखेरने वाली, हीरों से भरी नदियाँ जिनमें इकिर बोंगा– जल देवता का वास था, गायब हो गईं। मुण्डा के बेटे–बेटियाँ भी गायब होने शुरु हो गए। सोना लेकन दिसुम (सोना जैसा देश) गायब होने वाले देश में तब्दील हो गया।[13] उपन्यासकार ने जादुई यथार्थवादी शैली में मुंडाओं की अतीत गाथा और उनकी परम्पराओं को शोध दृष्टि के साथ 'गायब होता देश' में अभिव्यक्त किया है। उन्होंने मेगाथिल–ससनादिरि–विदि्दरि आदि के वैज्ञानिक, पारंपरिक और आध्यात्मिक आधार बताते हुए लेमुरिया महाद्वीप के समुद्र में डूबने की कथा के माध्यम से मुंडाओं की समृद्ध परंपरा का चित्रण किया है। माना जाता है कि मुंडा जनजाति इसी महाद्वीप से होते हुए भारत पहुँची। उपन्यासकार ने यह भी बताया कि झारखण्ड का वह भू–भाग जहाँ मुण्डा निवास करते हैं वह भी ऊर्जा का केन्द्र माना जाता है "हमारे पूर्वजों ने धरती के ऊर्जा केन्द्रों और वनस्पतियों के ऊर्जा प्रवाह के बीच संबन्ध खोजा था। उन्हें जोड़ा। आखिर क्यों गिरिडीह के पार्श्वनाथ की पहाड़ी पर ही जैनियों के बीस तीर्थकरों ने आकर समाधि ली। सच यह है कि उन्हें इस ऊर्जा स्थल के बारे में पता था। जापान का माउंट कुरामा ऐसा ही ऊर्जा केन्द्र है।"[14] ऐसी धरती, वनस्पति और ऊर्जा केन्द्रों को नष्ट किया जा रहा है और वहाँ के निवासियों को बाँध के बहाने, कभी विकास के बहाने उन्हें उनकी जमीनों से बेदखल किया जा रहा है। इनमें रियल एस्टेट के व्यापारी सबसे आगे हैं। मुआवजा तो मिलता है परन्तु काम नहीं मिलता यदि आदिवासी विरोध करते हैं तो नक्सली बता कर मार दिया जाता है।

यहाँ लूट में सब शामिल हैं; पुलिस, प्रशासन, मीडिया, विधायक "जो भी बाहर से यहाँ आया बहुत बड़ा पेट लेकर आया और ऐसी राकसी भूख जो कभी नहीं खत्म होने वाली। बाहर से जो भी आया सबको जमीन की भूख। पैसे की भूख। ताकत की भूख। औरत की भूख। एक हो तो बताया जाए।"[15] इस भूख ने मूल निवासियों को, मुंडाओं को अपनी धरती, अपनी संस्कृति से, अपनी परंपराओं, अपनी जड़ों से बेदखल करने का प्रयास भी जारी है तो उनका संघर्ष भी निरन्तर है। बिरसा मुंडा से लेकर निरंतर संघर्ष है; अंग्रेजों से संघर्ष, देशी अंग्रेजों से संघर्ष, अपनों से संघर्ष और लुटेरों से संघर्ष।

'जंगल जहाँ शुरु होता है' वहाँ जनतंत्र विदा होता है।

'हमरा तो हर तरीका से मौवत लिखल बा .... जमीदार से, डाकू से, देव–पितर से, भूत–भवानी से, पुलिस–लेखापाल से......... ।"[16] यह है पश्चिमी चम्पारण के एक थारू की पीड़ा। हर तरह से शोषित जो अपने आप को राजपूतों के वंशज का मानती है। एक मिथ है "काफी पहले मुगलों ने राजपुतानो पर हमला किया था तो रानियाँ, कहिए राजपूतानियाँ अपनी इज्जत बचाने की खातिर अपने नौकरों के साथ भाग आई वहाँ। राजपूत जब वर्षों तक नहीं आ पाए तो औरतों ने अपने नौकरों से ही संबन्ध जोड़ लिये। .... तब से बहुत वर्षों तक औरतें रानी के ठसके में बनी रहीं, मर्द गुलामी के पट्टे में। मगर आज वैसा कुछ भी नहीं है – हम थारू वैसी ही कंगाल की जिंदगी जी रहे हैं– औरत भी, मर्द भी।"[17] इस थारू बहुल क्षेत्र में समस्या है डाकू समस्या। डाकुओं के लिए जंगल अभयारण्य है और अभयारण्य है थारू जनजाति के लोग भी। डाकू इनके पैरासाइट हैं परन्तु एक साधारण जीवन जीने को मोहताज। डाकू, पुलिस, मालिकार, चौतरफा शोषण के शिकार हैं ये थारू। खेत बंधक हैं, ठेकेदार मजदूरी का पैसा नहीं देता, जंगल में बेंत, हाथ में हुनर परन्तु जंगल से बेंत नहीं ला सकते, "बेंत का ठेकेदार एक जल्लाद दूसरे जल्लाद वन–विभाग

वाले। कहाँ से आए रकम घूस पाती के लिए।"[18] इस शोषण के बावजूद इनमें एक अजीब सा ठण्डापन है, न आक्रोश, न क्रोध बस दबते रहना, डरते रहना, सहते रहना। उनकी स्त्रियों के साथ मनचाहा व्यवहार साधारण बात है। उनके यौन शोषण के खिलाफ कोई आवाज नहीं। शायद इसी लिए कि ये थारू क्रोधी स्वभाव के नहीं होते। "शारीरिक रूप से भी लंबे–तगड़े नहीं होते। क्षमा, दया, मृदुभाषी, निर्मल चित्त के सहज–सरल, आक्रोश विहीन लोग – उनकी प्रवृत्ति को गुण कहा जाए या अवगुण?"[19] इन्हीं थारूओं में काली डाकू बन जाता है; अपने भाई, भाभी, भतीजी, पत्नी के प्रति अन्याय से दुःखी होकर, परेशान होकर। यह उसकी भी मूल प्रवृत्ति नहीं है परन्तु चौतरफा हमलों ने उसे यही एक रास्ता दिखलाई देता है और सब कुछ खोकर वह क्या पाता है? "हम तो डाकू हँई – मुहर लागल बा हमरा पे, लौटि जायम ..... बाकी फिरौती चाहीं साहिब फिरौती। दे सकब? हमरा भाई, भौजाई, भतीजी, मेहरारू, बहिन, गाइ, भैंस, खेत–खेतार, घर, उमिर (उम्र) चस्त्तिर (चरित्र) समउ (समय) ... दे देई साहब, लौट जायम।।"[20] इस मिनी चंबल में पश्चिमी चम्पारण में थारूओं की पीड़ा असीम है, यहाँ खदानें नहीं, रियल एस्टेट के डाकू भी नहीं हैं परन्तु यहाँ तो हर कोई पुलिस, वन–विभाग, मंत्री, डाकू, ठेकेदार, बेटी बेचने वाले, गांजा–भांग से लेकर हथियारों की स्मगलिंग तक, सब शोषण कर रहे हैं इन थारूओं का।

अस्मिता का प्रश्न बड़ा है या विकास का मुद्दा? क्या विकास के लिए संस्कृति, प्रकृति और पर्यावरण का विनाश औचित्यपूर्ण है? आदिवासी अस्मिता का आधार है, उनकी संस्कृति, रीति–रिवाज, परम्पराएं, जंगल, नदियाँ, पहाड़ियाँ, खान–पान। यदि ये ही विनष्ट हो जाएंगे तो उनकी अस्मिता, उनकी पहचान खतरे में पड़ जाएगी और इसी खतरे से आगाह कर रहे हैं उपन्यासकार। प्रकृति और पर्यावरण तो प्रदूषित हो ही रहा है यहाँ निवासरत आदिवासियों का जीवन भी अत्यंत दूभर हो गया है। रणेन्द्र ने 'असुर' और 'मुण्डा' जनजाति,

महुआ माझी ने 'हो' और संजीव ने 'थारू' जनजाति की पीड़ा को, शोषण को, संघर्ष को दृष्टा होकर भी भोक्ता की तरह स्वानुभूति के स्तर पर अभिव्यक्त किया है।

संदर्भित सूची

1. पीली छतरी वाली लड़की – उदय प्रकाश – पृ. 14।
2. ग्लोबल गाँव के देवता – रणेन्द्र – पृ. 17।
3. ग्लोबल गाँव के देवता – रणेन्द्र – पृ. 43।
4. ग्लोबल गाँव के देवता – रणेन्द्र – पृ. 13।
5. ग्लोबल गाँव के देवता – रणेन्द्र – पृ. 19।
6. ग्लोबल गाँव के देवता – रणेन्द्र – पृ. 16।
7. ग्लोबल गाँव के देवता – रणेन्द्र – पृ. 92।
8. मरंगगोड़ा नीलकण्ठ हुआ – महुआ माझी – पृ. 192।
9. मरंगगोड़ा नीलकण्ठ हुआ – महुआ माझी – पृ. 113।
10. मरंगगोड़ा नीलकण्ठ हुआ – महुआ माझी – पृ. 11।
11. मरंगगोड़ा नीलकण्ठ हुआ – महुआ माझी – पृ. 160।
12. मरंगगोड़ा नीलकण्ठ हुआ – महुआ माझी – पृ. 177।
13. गायब होता देश – रणेन्द्र – पृ. 03
14. गायब होता देश – रणेन्द्र – पृ. 134।
15. गायब होता देश – रणेन्द्र – पृ. 104।
16. जंगल जहाँ शुरू होता है – संजीव – पृ. 21।
17. जंगल जहाँ शुरू होता है – संजीव – पृ. 137।
18. जंगल जहाँ शुरू होता है – संजीव – पृ. 23।
19. जंगल जहाँ शुरू होता है – संजीव – पृ. 280।
20. जंगल जहाँ शुरू होता है – संजीव – पृ. 285

12

आवारा मसीहाः फूल मरे पै मरै न बासु

काल के सामने साधारण मनुष्य का जीवन और अस्तित्व क्षणभंगुर है पर वही मानव कलाकार सृजनकर्ता और सृजनात्मक विचारों और दार्शनिक अवधारणाओं के बल पर 'अप्रतिहत' रहता है।[1] ऐसे ही अप्रितहत है शरतचन्द्र और शरतचन्द्र के मसीहाई आवारापन के रचनाकार विष्णु प्रभाकर।

जीवनी लेखन किसी शोध कार्य से कम नहीं है। जीवनीकार को अपने चरित नायक के जीवन से संबंधित समस्त आयाम देखने होते हैं। इस हेतु उसे सामग्री एकत्रित करनी होती है; रचनाओं से, साक्षात्कारों से, लेखों से, संस्मरणों से, लोक प्रचलित धारणाओं से, और इन सबसे निर्मित करना होता है उस व्यक्ति का व्यक्तित्व जिसमें गुण भी हैं और दोष भी हैं। गुणों का गायन करते हुए उसे चरित नायक का महिमा मण्डन भी नहीं करना है, उसका बढ़ा–चढ़ा कर वर्णन भी नहीं करना है और दोषों को बताते हुए संकोच भी नहीं करना है। जीवनी लेखन अत्यंत कठिन कार्य है, रस्सी पर चलने जैसा दुष्कर। विष्णु प्रभाकर जी 14–15 वर्षों तक इस कार्य में पूरी ईमानदारी और निष्ठा से लगे रहे तब तैयार हुआ शरतचन्द्र के आवारा रूप का मसीहापन।

बंगला भाषा के इस उपन्यासकार के जीवन के वैविध्य और वैशिष्ट्य को निर्मित करने में लेखक ने जिन स्रोतों से सामग्री एकत्रित की उनके संबन्ध में भूमिका में वे लिखते हैं– "एक तो उन व्यक्तियों से साक्षात्कार जो किसी न किसी रूप में शरद बाबू से संबंधित रहे। दूसरे उनके समकालीन मित्रों के लेख–संस्मरण और तीसरे उनकी अपनी रचनाओं में इधर उधर बिखरे वे स्थल और प्रसंग जिनका उनके जीवन से सीधा संबन्ध रहा। इतने अनुभव के बाद उन्हें ढूँढ लेना बहुत कठिन नहीं हुआ।"[2] यह तो बाद ही बात है परन्तु जब लेखक ने नाथूराम प्रेमी के आग्रह पर जीवनी लिखना चाहा तो जीवनी लिखने से पूर्व बंगला में शरतचन्द्र की जीवनी खोजने का प्रयत्न किया तो वहाँ से उन्हें ज्ञात हुआ कि बंगला में अब तक उनकी कोई प्रामाणिक जीवनी प्रकाशित नहीं हुई। शरतचन्द्र के विषय में बंगाली समाज में धारणा भी अच्छी नहीं थी। कोई कहता– "नितांत स्वच्छंद व्यक्ति का जीवन क्या किसी के लिए अनुकरणीय हो सकता है।"[3] तो कोई कहता– "दो–चार गुण्डों का जीवन देख लो शरतचन्द्र की जीवनी तैयार हो जाएगी।[4] स्त्रियों को लेकर, अफीम, शराब को लेकर भी उनके बारे मे धारणा यही थी कि– "वे एक स्त्री के साथ रहते है। उनके पास बहुत कम लोग जाते। मैं उनका पड़ोसी था लेकिन कमरे में कभी नहीं गया। वे अफीम खाते थे और शराब पीते थे। वे एक निकृष्ट जीवन बिता रहे थे। मैं उनसे हमेशा बचता था।"[5]

विष्णु प्रभाकर जी को ऐसे व्यक्ति और देवदास, श्रीकांत, चरित्रहीन, पथ के दावेदार, जैसे उपन्यासों के रचनाकार की जीवनी लिखना थी यह जानते हुए कि "जीवनी लिखना निस्संदेह कठिन काम है। यूँ देखने में लगता है कि वह कुछ अद्भुत–असाधारण और कुछ क्रांतिकारी विचारों का समुच्चय है। किसी के जीवन को समझने के लिए कुछ महत्वपूर्ण घटनाएँ आवश्यक हैं, पर अनिवार्य नहीं। अनिवार्य है उन घटनाओं और उन विचारों के पीछे रहने वाले प्रेरणा स्रोत। जो दिखाई देता है वही सत्य नहीं होता। सत्य को पाने के लिए गहरे

उतरना होता है और उस उतरने में जहाँ आस्था का प्रश्न है वहाँ वस्तुनिष्ठता का उससे भी अधिक है।"[6] लेखक ने इसे स्वीकारते हुए शरतचन्द्र की जीवनी तीन खण्डों – दिशाहारा, दिशा की खोज, और दिशांत – में तैयार की। इन तीन भागों में विष्णु प्रभाकर जी ने शरतचन्द्र के जीवन के उन कारणों की खोज भी की जिनके परिणाम स्वरूप शरतचन्द्र स्वच्छन्द और विद्रोही भी बने और शराबी और अफीमची भी, परोपकारी भी बने और सेवाभावी भी, गायक भी चित्रकार भी, और स्त्री प्रेमी भी। बचपन उनका अभावों और निर्धनता में बीता, पिता की अतिशय कल्पनाशीलता और अकर्मण्यता के कारण वे नाना के घर पले बढ़े। भागलपुर, देवानन्दपुर, में उनका बचपन बीता। नानी से साहित्य अध्ययन के संस्कार मिले परन्तु नहीं मिला एक व्यवस्थित जीवन जो उन्हें एक व्यवस्थित इंसान बना पता। इस अव्यवस्थित शरत में संवेदना थी, प्रेम था, परोपकार था, सेवाभाव था, ऊँच–नीच का भेदभाव नहीं था और थी साहित्य सृजन की अद्भुत क्षमता, कल्पना की ऊँची उड़ान। बचपन की भटकन और अव्यवस्थित जिंदगी के कारण उनमे एक हीनता बोध था, छुपाने की प्रवृत्ति थी। शायद इसीलिए उन्होंने अपना आरंभिक साहित्य अपने नाम से नहीं छपवाया। रंगून में रहते हुए युवावस्था में उनकी यह प्रवृत्ति बढ़ती गई "अपने को छिपाने की प्रवृत्ति उसमें भयानक रूप से बढ़ चुकी थी। वह दम्भ नहीं था, थी आत्म–विश्वास की कमी इसलिए पलायन में ही उसे सुख मिलता था।"[7] निम्न वर्ग के लोगों के बीच रहने का कारण भी यह हीनता बोध ही था– "उसके अंतर का हीन भाव उसे सभ्य समाज से दूर इन तथाकथित छोटे लोगों के बीच में ही आनन्द देता था।"[8] कारण "देश में वह जाति–बहिष्कृत था। उसके रिश्तेदार उसे अपनाने से हिचकते थे। भद्र लोगों की दृष्टि में वह चरित्रहीन था।"[9] उसके इस संकोची और अपने आप को छिपाने के स्वभाव के कारण ही अपनी प्रसिद्धि के चरम पर जब सभाओं में उन्हें आमंत्रित किया जाता तो वे किसी न किसी बहाने से स्वीकृति देने के पश्चात भी नहीं पहुँचते।

शरतचन्द्र के दो पर्व बचपन और युवावस्था तो भटकते ही बीते परन्तु उनके साहित्य में कमी नहीं आई। वे अपनी अन्य बुराइयों के साथ–साथ स्त्रियों के साथ संबंधों को लेकर बहुत चर्चित रहे परन्तु वास्तव में उनके जीवन और साहित्य दोनों में ही नारी को जो सम्मान दिया उसी ने नारी की वहाँ पहचान भी कराई जहाँ वह अपमानित और उपेक्षित है। उनके नारी चरित्रों में उनके जीवन में आई नारियों से साम्य को लेकर लेखक ने अनेक स्थानों का वर्णन किया है। शरत् के बचपन की मित्र धीरू ही देवदास की 'पारो', बड़ी दीदी 'माधवी', और श्रीकांत की 'राजलक्ष्मी', थी। वेश्याओं में भी शरतचन्द्र ने नारी संवेदना और उसके उज्जवल रूप के दर्शन किए। रंगून में रहते हुए शरतचन्द्र ने अपने संपर्क में आने वाली स्त्रियों का उद्धार भी किया और बदनामी भी उठाई। शरतचन्द्र ने अपने मित्र के समक्ष स्वीकारा भी है– "हेमेन्द्र ऐसा कोई नशा नहीं जो मैंने नहीं किया हो। ऐसी कोई बुरी जगह नहीं जहाँ मैं न गया हूँ। आज यही सब सोचकर कभी–कभी अवाक हो जाता हूँ कि इतना करने पर भी मैंने अपने से हार नहीं मानी। मेरे मन के भीतर का मनुष्य हमेशा निर्मुक्त रहा।"[10]

बंकिम और रवीन्द्र को साहित्य में अपना आदर्श मानने वाले, रवीन्द्र को अपना गुरू मानने वाले, बंगला ही नहीं संपूर्ण भारत के साहित्य प्रेमियों के हृदय पर राज करने वाले शरत का जीवन विसंगतियों और विरोधाभासों से भरा रहा। अपने आदर्श और गुरू रवीन्द्रनाथ टैगोर के साहित्य के समकक्ष अपने साहित्य की प्रशंसा की लालसा उन्हें रही और यह प्रशंसा उन्हें मिली भी परन्तु उन्हीं रवीन्द्रनाथ के साथ उनका वैचारिक मतभेद भी सामने आया।

विष्णु प्रभाकर जी ने शरतचन्द्र की जीवनी में शरतचन्द्र के साहित्यकार और उनके विवादित जीवन को तो विस्तार से रचा ही उनके राजनीतिक विचारों और स्वतन्त्रता आंदोलन में उनकी भूमिका का वर्णन भी किया है। "बहुत कम लोग जानते कि अपराजेय कथा शिल्पी शरतचन्द्र ने राजनीति में भी सक्रिय योगदान दिया था।"[11]

जीवनी के अंतिम भाग दिशांत में लेखक ने शरतचन्द्र के साहित्य सृजन के चरम के साथ–साथ उनके स्वतंत्रता आंदोलन में सक्रिय सहभागिता का भी वर्णन किया है। अब उनमें प्रौढ़ता आ गई थी, वे अपनी ही रचनाओं की कमियों को समझने लगे थे। देवदास की आत्मघाती भावुकता के कारण अब उन्हें यह उतना प्रिय नहीं रहा। इसके बावजूद उन्होंने स्वीकार किया कि– "देवदास के सृजन मे मेरे हृदय का योग है और श्रीकांत में मस्तिष्क का।"[12] राजनीति की ओर भी उनका झुकाव इस प्रौढ़ावस्था में ही हुआ। गरम दल और लोकमान्य तिलक के प्रति उनमें गहरी श्रद्धा थी, गाँधी जी के असहयोग आंदोलन में भी उन्होंने हिस्सा लिया। इसी समय उनके चरित्र को लेकर अफवाहें भी सक्रिय हुईं परन्तु उन्होंने साहित्यकार के दायित्व को समझते हुए कहा– "इस आंदोलन में साहित्यिकों को सबसे आगे बढ़कर योग देना चाहिए। लोकमत जागृत करने का गुरुभार संसार के सभी देशों में साहित्यिकों के ऊपर रहा है। युग–युग में उन्होंने ही तो मनुष्य के मन में मुक्ति की आकांक्षा जगाई है।"[13] ऐसे साहित्यकार का साहित्य और जीवन दोनों ही समाज और देश के लिए प्रेरणा का कार्य करते हैं, चाहे उसका जीवन कितना ही विसंगतियों से भरा हो।

लेखक ने शरत के जीवन के साथ–ही–साथ उनकी बाह्य रूपाकृति को भी स्थान–स्थान पर चित्रित किया है। एक उदाहरण है– "वह सुन्दर नहीं था। आँखों को छोड़कर उनमें कोई विशेषता नहीं थी, लेकिन आँखों की चमक ही सामने वाले को बाँध लेती थी। वर्ण श्यामता की ओर था और देह थी खूब रोगी लेकिन पैर हिरण की तरह दौड़ने को मजबूत थे।"[14] दिशाहारा, दिशा की खोज, और दिशांत की यात्रा करते हुए महान कथा शिल्पी शरतचन्द्र का अवसान 16 जनवरी 1938 को हुआ, परन्तु अपने साहित्य से वह आज भी 'अप्रतिहत' है, इसका प्रमाण है : राजकमल से प्रकाशित उनके उपन्यासों का नया हिन्दी अनुवाद।

'आवारा मसीहा' के लेखक विष्णु प्रभाकर ने शरतचन्द्र की जीवनी लेखन में बहुत परिश्रम किया और जीवनी विधा को पहचान भी दी। यह शरतचन्द्र की जीवनी है जो शरत् के जीवन को खोलती है। इसमें लेखक ने प्रमाणिकता का पूरा ध्यान रखते हुए शरत के जीवन और चरित, उनके व्यक्तित्व को पूरी ईमानदारी और तटस्थता से व्यक्त किया। जहाँ तक जीवनी की कसावट की बात है प्रथम दो भाग दिशाहारा और दिशा की खोज में लेखक ने जीवनी के कथा रस की रक्षा की परन्तु अंतिम भाग दिशांत तक आते आते यह धीरे–धीरे केवल विवरणों का ब्यौरा मात्र हो गई।

इस जीवनी मे विष्णु प्रभाकर जी ने शरतचन्द्र के विवादित रूप को भेदते हुए एक सच्चे शरतचन्द्र का परिचय दिया है; वह भी ऐसी भाषा शैली में जो सरस, सरल और प्रवाहमयी है। आवश्यकतानुसार बंगला प्रभावित हिन्दी का प्रयोग भी किया।

एक महान साहित्यकार की यह जीवनी शरत् के साथ शरत्कालीन भागलपुर, कलकत्ता, रंगून का सामाजिक, सांस्कृतिक और राजनीतिक चित्रण भी बन गयी है। इस रचना ने साहित्यकार के जीवन की भ्रांतियों को तोड़ा ही नहीं यह सिद्ध भी किया है कि साहित्यकार का जीवन साधारण व्यक्ति से भिन्न होता है। उसकी संवेदना और दृष्टि भिन्न होती है। इसी कारण वह दृष्टा होता है, सृष्टा होता है, और अप्रतिहत रहता है।

संदर्भ सूची

1. आलोचना – अंक रोहिताश्व – पृष्ठ 54।
2. आवारा मसीहा, विष्णु प्रभाकर, भूमिका – पृष्ठ 14।
3. आवारा मसीहा, विष्णु प्रभाकर, – पृष्ठ 6।
4. वही – पृष्ठ 6।
5. वही – पृष्ठ 7।
6. वही – पृष्ठ 9।

7. वही – पृष्ठ 85।
8. वही – पृष्ठ 87।
9. वही – पृष्ठ 87।
10. वही – पृष्ठ 138।
11. वही – पृष्ठ 31।
12. वही – पृष्ठ 152।
13. वही – पृष्ठ 174।
14. वही भूमिका – पृष्ठ 12।

13

सांस्कृतिक संकट में आश्वस्ति की कविता

भारत के नभ का प्रभापूर्य
शीतलाच्छाय सांस्कृतिक सूर्य
अस्तमित आज रे – तमस्तूर्य दिग्मण्डल;[1]

भारत के सांस्कृतिक सूर्य को समय–समय पर बादलों ने आच्छादित किया, उसकी चमक को, उसके तेज, उसकी प्रभा को, निष्प्रभ करने का प्रयत्न किया गया परन्तु ये बादल, ये अंधकार उसे ज्यादा देर निष्प्रभ नहीं कर सके। भारत का सांस्कृतिक सूर्य फिर उसी तेज के साथ प्रकट हुआ। मध्य काल में सांस्कृतिक सूर्य को आभा हीन किया मुगलों ने 'उर के आसन पर शिरस्त्राण शासन करते हैं मुसलमान' आधुनिक काल में ब्रिटिश सत्ता ने इसे निस्तेज ही कर दिया था परन्तु फिर समाज सुधारकों ने अतीत की ओर उन्मुख हो, वेदों की ओर उन्मुख हो भारत वासियों का उनके गौरवमय अतीत से परिचय कराया। कवियों ने भी इस महती दायित्व का निर्वहन किया। मध्यकाल में, भक्ति काल में जब मुगल सत्ता में थे तब कबीर, जायसी, सूर, तुलसी ने अपने काव्य को भारतीय सांस्कृतिक सामरस्य की धारा से आप्लावित किया। तुलसीदास का काव्य भारतीय संस्कृति के समन्वयात्मक रूप को लेकर चला।

ये तुलसीदास ही है जो ब्रिटिश गुलामी में निराला के नायक बने है। ब्रिटिश गुलामी को निराला ने अंधकार के रूप में ही चित्रित किया है उन्हें उस भारतीय गौरवपूर्ण अतीत के क्षय होने की चिन्ता है। यह चिन्ता कभी 'अन्याय जिधर, है उधर शक्ति' के रूप में है तो कभी 'यमुना के प्रति' में उभरती है। इस नैशान्धकार में भी कवि निराश नहीं; भारतीय संस्कृति अंधकार पर प्रकाश की विजय का संदेश है इसीलिए कवि इस अंधकार में कह उठता है 'जागो जागो आया प्रभात' या 'होगी जय, होगी जय' बुराई पर अच्छाई का जयगान भारतीय संस्कृति का वो मंत्र है जो विषम परिस्थितियों में आस्था बनाए रखता है, जीवन को समरस बनाए रखता है।

आज फिर वही सांस्कृतिक संकट का दौर है और यह दौर ज्यादा विकट है अब न तो मुगल हैं न ब्रिटिश परन्तु वैश्वीकरण से उत्पन्न सर्वग्रासी बाजार ने, सब को अपने पंजों में समेट लिया है। टेक्नालाजी ने, संचार–माध्यमों ने लोक और शास्त्र को, झुण्ड संस्कृति में बदल दिया है। 'बीसवीं सदी का सबसे बड़ा दर्द यही है कि जिस सदी के आरंभ में अखण्ड मानवता का बोध जन्मा था, उसी सदी के अंत में उसे अखण्ड बाजार ने निगल लिया।'[2] सदी के अंत के साथ ही सांस्कृतिक संकट अधिक गहराने लगा –

एक खबर उड़ी कि
कविता अब नहीं रही कविता
और यूँ फैली
कि कविता मर गई
लेकिन शक करने वालों ने शक किया
कि ऐसा नहीं हो सकता
और इस तरह बच गई कविता की जान।[3]

बीसवीं सदी के अंतिम दशकों में अंत की घोषणाओं ने एक तरह से बरसों की धारणाओं, विचारों, चिन्तनों को ध्वस्त कर दिया। कविता के अंत की घोषणा से भी कविता का अंत नहीं हुआ क्योंकि कविता में जीवन का राग है, अनुराग है, प्रेम है विराग है, आक्रोश है, करूणा है, परम्परा है, अतीत का सौन्दर्य है, भविष्य का स्वप्न है, इक्कीसवीं सदी पर खड़े सांस्कृतिक संकट में आश्वस्ति का स्वर है। ग्लोबलाइजेशन ने धरती को विश्व ग्राम में बदल दिया परन्तु ग्राम को लील लिया। ऐसे में कवि ने युगीन विषमताओं के बीच भी सामरस्य की तलाश जारी रखी और कविता में शब्दों की ताकत को पहचान कर लिखा भी –

कविता लिखते – लिखते
मैंने जाना कि शब्द
सिर्फ प्रेम पत्रों के उपादान नहीं हैं
वे तीलियों में बदलकर
तेल से भीगी बाती तक पहुँच सकते हैं
.......और यह कि मेरे दुःख कविता के विषय हैं
और कविता एक सामाजिक वस्तु है।[4]

मुक्तिबोध के लिए कविता 'जन–चरित्री' है और धूमिल के लिए 'कविता/भाषा में/आदमी होने की तमीज' है। सामाजिक सारोकार कविता को कालजयी बनाते हैं।

इस उत्तर आधुनिक समय में 'हमारी संस्कृति द्रौपदी बन गई है, जिसे मध्यवर्ग जुए में हार गया है। राजनीति दुर्योधन है, व्यापारिक कंपनियाँ दुःशासन। वैज्ञानिक, विशेषज्ञ और उत्तर आधुनिक बुद्धिजीवी भीष्म–द्रोण। किसी कृष्ण का दूर–दूर तक अता–पता नहीं है। निंस्संदेह यह इतिहास का एक त्रासद दौर है।[5] इस त्रासद दौर में कवि जन निर्वाक् नहीं है। वह अपने समय की कुटिल राजनीति को जानता है–

सरकार भी सरकार बनाने के लिए
झाँकती है दीनों की दुनिया में
फिर मुट्ठी भर दाने छितरा कर
लड़वा देती है आपस में।[6]

वोटों की राजनीति ने सामाजिक, सामरस्य को विकृत कर दिया है; साम्प्रदायिकता का जो 'तमस' 1947 में फैला था वह फिर भारतीय सांस्कृतिक सूर्य को ग्रस रहा है, जाति भेद को मिटाते–मिटाते जातिवाद ही अब वोट बैंक बन गया है; स्त्री स्वातन्त्र्य के नाम पर स्त्री विज्ञापन के बाजार में 'वस्तु' बन गई है, चारों ओर अंधाधुन्ध मच्यो सब देसा' जैसी स्थिति बन गई है, आस्था और ईश्वर के नाम पर हिंसा बढ़ रही है।

नहीं चाहिए तुम्हारा यह आश्वासन
जो केवल हिंसा से अपने को सिद्ध कर सकता है।
नहीं चाहिए वह विश्वास जिसकी चरम परिणति हत्या हो
मैं अपनी अनास्था में अधिक सहिष्णु हूँ।
अपनी नास्तिकता में अधिक धार्मिक।
अपने अकेलेपन में अधिक मुक्त।
अपनी उदासी में अधिक उदार।[7]

संस्कृति को सबसे अधिक आघात संस्कृति के तथाकथित रक्षकों ने ही पहुँचाया है। संस्कृति की रक्षा के नाम पर असहिष्णुता आौर हिंसा का मार्ग अपनाकर इन रक्षकों ने एक ओर अभिव्यक्ति पर ताले लगाने का प्रयत्न किया तो दूसरी ओर धर्मान्धता को बढ़ाया। इसलिए आवश्यक है कि संस्कृति के मूल भाव को समझा जाए। भारत भूमि पर संस्कृति सामरस्य के बिना संभव नहीं। यहाँ आरंभ से ही सांस्कृतिक सामरस्य रहा है। इतने लम्बे समय के बाद भी, इतने वैविध्य के बाद भी इस संस्कृति को कोई नष्ट नहीं कर सका; इसमें जो नवीनता है

का तत्व है, ग्रहण और त्याग का तत्व है वही इसे अक्षुण्ण रख पाया है। संस्कृति को बाजार ने नष्ट करने का प्रयत्न किया है बाजार ने समस्त कलाओं को व्यावसायिक बना दिया परन्तु कविता इस व्यावसायिकता से मुक्त है। 'यह कविता की सफलता है कि वह बाजार की उपभोक्ता वस्तु नहीं है, उसका कोई व्यावसायिक मूल्य नहीं है।'[8] हमारे समय की कविता आडम्बर की कविता नहीं, बाहरी सौन्दर्य की कविता नहीं, वह अन्तरमन की कविता है – एक महान कविता/ऊबने लगती है। अपनी स्फटिक गरिमा के अन्दर ..../पर मौसम/ चाहे जितना खराब हो/उम्मीद नहीं छोड़ती कवितायें।[9]

संस्कृति के केन्द्र में है घर, परिवार, माँ, बच्चे, गाँव, खेत आज का कवि इन्हें कविता में आस्था के साथ चित्रित करता है। चन्द्रकांत देवताले माँ पर नहीं लिख सकते कविता क्योंकि उसका त्याग समर्पण शब्दों से परे है। राजेश जोशी और उदय प्रकाश बच्चों के लिए चिन्तित हैं 'काम पर क्यों जा रहे हैं बच्चे?' विनोद कुमार शुक्ल घर को पृथ्वी और पृथ्वी को घर की तरह देखते है'............घर की तरफ लौटता हूँ/जैसे पृथ्वी की तरफ।' कुंवर नारायण इन सभी बिम्बों को एक साथ रख कहते हैं–

पिता से गले मिलते हुए
आश्वस्त होता है नचिकेता
उनका संसार अभी जीवित है
उसे अच्छे लगते हैं वे घर
जिनमें एक आँगन हो
वे दीवारें अच्छी लगती
जिन पर गुदे हों
किसी बच्चे के तुतलाते हस्ताक्षर
यह अनुभूति भी अच्छी लगती

कि माँ केवल शब्द नहीं
एक संपूर्ण भाषा है।[10]

'वसुधैव कुटुम्बकम्' संपूर्ण वसुधा ही एक परिवार है परन्तु अब यह वसुधा एक ध्रुवीय होती जा रही है। धरती 'ग्लोबल' तो हुई परन्तु कुटुम्ब टूट गये। संपूर्ण धरती को कुटुम्ब मानने वाली भारतीय परम्परा में अब है; अकेलापन, अजनबीपन, कुण्ठा, संत्रास, भटकाव, लिव इन रिलेशनशिप। ऐसे में कवि वैश्विक चेतना से भर कवि कहता है –"मुझे चाहिए पूरी पृथ्वी/अपनी वनस्पतियों, समुद्रों/और लोगों से घिरी हुई/एक छोटा सा घर काफी नहीं है।" (तत्पुरुष – अशोक वाजपेयी)

"कविता हमारी संस्कृति का सबसे अधिक संवेदनशील प्रयोगात्मक और मुखर हिस्सा है।" कविता संस्कृति की संवाहक है। कवि अपने समय की विद्रुपताओं, कठिनाइयों, विसंगतियों, विडम्बनाओं को अभिव्यक्त करता भी और उनके बीच से आशा, आस्था और विश्वास की आग भी जलाए रखता है– "पैदा करनी ही होती है/आग/हवा और पानी की तरह/वह विरासत में नहीं मिलती/उसे पैदा करना होता है/उन हाथों के खिलाफ/जिन्होंने/कभी/आग पैदा नहीं की/सिर्फ/उसे तापते रहे।"[12]

'दुःख की पिछली रजनी बीच, विकसता सुख का नवल प्रभात' प्रसाद की समरसता संपूर्ण भारतीय साहित्य में इसी रूप में दिखलाई देती है। विषम से विषम परिस्थितियों में भी 'एक मन जो हारा नहीं' का भाव भारतीय जीवन और संस्कृति का मूल है यही आश्वस्ति संस्कृति को संकट में जिलाए रखती है "समकालीन कविताओं में आश्वस्ति की अनुगूँज ही काल की भयावहता को कम करके जीवन के स्पन्दनों और धड़कनों से साक्षात्कार कर सकती है।"[13]

संदर्भ सूची

1. निराला रचनावली, भाग–1, पं. नंदकिशोर नवल, पृ. 267।
2. संस्कृति की उत्तरकथा, शंभुनाथ, पृ. 183।
3. कविता, कुँवर नारायण।
4. पहल – 37, एकांत श्रीवास्तव, पृ. 333।
5. संस्कृति की उत्तर कथा, शंभुनाथ, पृ. 189।
6. भूखण्ड तप रहा है, चन्द्रकांत देवताले पृ. 32–33।
7. आत्मजयी, कुँवर नारायण, पृ. 22।
8. संस्कृति की उत्तर कथा, शंभुनाथ, पृ. 84।
9. अकाल में सारस, केदारनाथ सिंह, पृ. 107।
10. वाजश्रवा के बहाने, कुँवर नारायण, पृ. 78।
11. संस्कृति की उत्तर कथा, शंभुनाथ, पृ. 85।
12. समुद्र के बारे में, भगवत रावत, पृ. 77।
13. आलोचना, सहस्त्राब्दी अंक–38, पृ. 56।

14

'कवि की रंगशाला'

वह विराट था हेम घोलता
नया रंग भरने को आज
कौन ? हुआ यह प्रश्न अचानक
और कुतूहल का था राज।[1]

सृष्टा, रचेता, विधाता जिस भी नाम से पुकारे उस परम शक्ति को जो आकाश को नीला, धरती को हरा, सूरज को स्वर्ण और चाँद को रजत रंग में रंग देता है। वन प्रान्तर में पुष्पावलि के रंग अनगिनत हैं और सागर में जल–जीवों के रंग अद्भुत। रंगहीन जल भी उसी का चमत्कार है और गंगा, यमुना और सरस्वती का श्वेत, श्याम और लाल रंग भी उसी की अभिव्यक्ति है।

कवि भी रचेता है 'कविर्मनीषी परिभू स्वयंभू' जीवन के जगत के, प्रकृति के रंगों को कवि पूरी संवेदनशीलता से संयोजित करता है। काव्य में मुख्य रूप से तीन रंग आधारभूत रंग हैं– श्वेत, श्याम, रतनान–सफेद, काला और लाल।

अमीय हलाहल मदभरे, श्वेत, श्याम, रतनार।
जियत, मरत, झुकि–झुकि परत, जिहिं चितवत इक बार।।[2]

श्वेत स्वच्छता, पवित्रता, उज्ज्वलता, सात्विकता और सौन्दर्य का रंग है। श्याम यूँ तो हिन्दी काव्य में श्रीकृष्ण का रंग है, परन्तु इससे इतर यह तामसिकता, अंधकार, बुराई और असत का प्रतीक है; लाल रंग ऐश्वर्य वैभव और अनुराग का रंग माना गया है। नयनों के वर्णन में कवियों ने इन तीनों रंगों का समावेश कर आँखों को नवीन सौन्दर्य और आकर्षण से भर दिया है – अब उपर्युक्त दोहे को ही लें, आँखों में तीन रंग श्वेत आँखें, उसमें श्याम रंग की पुतली और उसमें लाल डोरे। श्वेत है अमृत, श्याम है विष और लाल है मदिरा। इन आँखों को देखने वाला जीता है, मरता है और मदहोश हो जाता है। है न, रंगों का सुन्दर–संयोजन। चलिए बिहारी का यह दोहा लीजिए –

सायक सम मायक नयन, रंगे त्रिविध रंग जात।
झखौ बिलखि दुरि जात जल, लखि जल जात लजात।।[3]

संध्या काल के समान मायावी आँखें तीन रंगों में रंगी हुई हैं– लाल, काले और श्वेत। पर संध्या काल जो दिवस और रात्रि का संधिकाल है, जिसमें रात्रि का श्याम और दिवस का श्वेत रंग मिलकर सांयकाल को एक मायावी लाल रंग दे रहा है। इस माया के प्रभाव के कारण नायिका के नयनों को देखकर मीन (नेत्रों को मीन की उपमा दी जाती है) जल में नीचे जा छिपी है और कमल (जल जात आँखें को कमल की उपमा भी दी जाती है) सांयकाल में स्वभावतः ही बंद हो जाते है। कवि ने यहाँ उनके बंद होने को नायिका के नेत्रों से लज्जित होकर बंद होने की ओर संकेतित किया है। कवि का रंगों का चयन और उसकी अभिव्यक्ति अद्‌भुत है, संध्या काल में रंगों के इस संयोजन को कवि ही देख सकता है और शब्दों में बाँध सकता है। देखें, निराला इसी सांयकाल को इन शब्दों में कहते हैं जिसमें सांयकाल का आगमन तो है ही साथ में बादलों का रंग भी है –

दिवसावसान का समय
मेघमय आसमान से

उतर रही, संध्या सुन्दरी
परी सी, धीरे, धीरे, धीरे।[4]

सांयकाल के त्रिविध रंगों में अब एक और नवीनता आ गई है मेघमय, सांयकाल और उस पर मेघाच्छादित आसमान; कवि की तूलिका ने रंगों के संयोजन से संध्या काल को संध्या सुन्दरी बना दिया, नायिका बना दिया।

तीन रंगों का संयोजन तो काव्य में मिलता ही है। दो रंगों का संयोजन भी चमत्कृत करने वाला है, देखें–

सोहत ओढ़े पीत पट, स्याम सलोने गात।
मनो नील मनि सैल पर, आतप पर्‌यो प्रभात।।[5]

श्री कृष्ण श्याम वर्ण के सुन्दर शरीर पर पीताम्बर ओढ़े हैं – श्याम और पीत वर्ण के संयोजन के लिए कवि बिहारी कहां से उपमान लाए हैं – मानों नीलमणि के पर्वत पर (श्रीकृष्ण के कृष्ण वर्ण) पर प्रातः कालीन सूर्य का प्रकाश पीत वर्णी (पीताम्बर) गिर रहा है।

यह तो हुआ श्याम और पीत वर्ण का संयोजन अब देखिए श्याम और श्वेत रंग का संयोजन–

बाँधा था विधु को किसने
इन काली जंजीरों से
मणी वाले फणियों का मुख
क्यों भरा हुआ हीरों से।[6]

चन्द्रमा की उज्ज्वलता नायिका के गौर वर्ण से साम्य रखती है और मुख पर बिखरी हुई अलकें काली जंजीरें हैं। यही नहीं कवि प्रसाद ने नायिका के कांति युक्त मुख को हीरों की बहु आयामी चमक के साथ रखते हुए केश राशि का फणियों (फन धारी सर्प) की कांति से साम्य स्थापित किया है। प्रसाद जी सौन्दर्य चित्रण में नवीन रंगों

का संयोजन करते दिखाई देते हैं। गौर वर्ण श्रद्धा ने 'मसृण गांधार देश के नील रोम मेष के चर्म' से अपनी देह को ढंका है, ऐसे में उसके शरीर का कोमल अंग कहीं–कहीं झलक उठता है जिसे कवि ने 'बिजली का फूल' कहा है। देखें –

नील परिधान बीच सुकुमार,
खुल रहा मृदुल अधखुला अंग,
खिला हो ज्यों बिजली का फूल
मेघ–बन बीच गुलाबी रंग।[7]

यह रंगो का संयोजन मात्र ही नहीं यह एक सम्पूर्ण चित्र भी है। श्रद्धा के गौर वर्ण के साथ तो फिर कवि ने श्याम, श्वेत, नीले और गुलाबी रंगों की लड़ी ही पिरो दी है, 'सित सरोज पर क्रीड़ा करता, जैसे मधुमय पिंग पराग' श्वेत और सुनहरे रंग का संयोजन है। कवि ने प्रातः कालीन प्रकाश को भी 'सुनहला' कहकर आशा के संचार की ओर इंगित किया है –

उषा सुनहले तीर बरसाती
जय–लक्ष्मी सी उदित हुई;
उधर पराजित काल रात्रि भी
जल में अन्तर्निहित हुई।[8]

रंगों का 'कन्ट्रास्ट' दृश्य को 'बैकग्राउण्ड' के साथ और अधिक प्रभावी बना देता है। 'राम की शक्ति पूजा में निराला ने राम की मनोदशा का रंगों के साथ सामन्जस्य करके जो दृश्य उपस्थित किया है वह अद्‌भुत है 'है अमा निशा उगलता गगन घन अंधकार' के साथ 'केवल जलती मशाल' एक ओर निराशा का गाढ़ापन है तो आशा की ज्योति भी है।

दो रंगो के मिलने से एक नया रंग बनता है परन्तु दो रंगों की एक दूसरे पर छाया पड़ने से जो धूप छांही रंग बनता है उसे कवि बिहारी ने वयः संधि काल का रंग कहा है–

छुटी न सिसुता की झलक, झलक्यो जोबन 'अंग'।
दीपति देह दुहन मिली, दिपत ताफता रंग।।[9]

ताफता, दो रंगो के मेल से कपड़े में जो घूप छांही रंग आता है उसे ताफता कहते है। फारसी का 'ताफ्तः' हिन्दी में ताफता हुआ। बिहारी का एक अन्य दोहा है –

मेरी भव बाधा हरो, राधा नागरि सोई।
जा तन की झाँई परे, स्याम हरित दुति होई।।[10]

गौर वर्णी राधा और श्याम वर्णी कृष्ण – राधा के गौर वर्ण की झाँई कृ ष्ण के श्याम वर्ण पर पडने से 'हरित प्रकाश' बिम्बित हो रहा है। है ना! कवि को रंगों की पक्की समझ। यहाँ रंग नहीं मिल रहे, मिल रही है रंगों की झाँई काले और सफेद को नहीं उनकी झाँई को मिलाएँ और बना लें हरा रंग, प्रसन्नता का रंग, भक्ति का रंग।

प्रकृति के रंग वसुन्धरा, आकाश, सागर, पर्वत, नदी, पुष्प और ऋतु परिवर्तन के रंग, ऋतुराज बसंत के रंग, पलाश और अमलतास के रंग...... रंग और रंग। बसंत निराला की प्रिय ऋतु और उसमें बिखरे रंगों की छटा–

कूची, तुम्हारी फिरी कानन में
फूलों के आनन–आनन में
फूटे रंग बसन्ती, गुलाबी
लाल–पलास लिए सुख–स्वाबी
नील, श्वेत शतदल सर के जल
चमके हैं केशर पंचानन में।[11]

मुक्तिबोध की रंग शाला में रंग भी 'अंधेरे में' रहस्यपूर्ण हो उठे हैं। रंग और रंगों के बिम्ब। लाल, स्याम, काला, गेरूआ, नीला और........ और...........और। लाल रंग लें....लाल–लाल मशाल, लाल–लाल कुहरा, रक्तालोक स्नात पुरुष। भक्ति कालीन अनुराग, प्रेम और भक्ति का लाल रंग यहाँ क्रांति का, विद्रोह का रंग है। और रात्रि का रहस्यपूर्ण, उलझाव से भरा, फैंटेसी का रंग! मुक्तिबोध के यहाँ रंग नवीन अर्थो की व्यंजना करते है–

– काले–काले घोड़ों पर खाकी मिलिट्री–ड्रेस
चेहरे का आधा भाग सिन्दूरी–गेरूआ
आधा भाग कोलतारी भैरव

– उदास मटमैला मन–रूपी वल्मीक[13]

– सुनसान चौराहा, सांवला फैला
बीच में वीरान गेरूआ घण्टाघर
ऊपर कत्थई बुजुर्ग गुम्बद
सांवली हवाओं में काल टहलता
रात में पीले हैं चार घड़ी चेहरे।[14]

रंगकर्मी, चित्रकार रंगों से कैनवास पर रंगों से चित्रकारी करता है और चित्र बोल उठते है। कवि भी रंगों का सूक्ष्म जानकार होता है और वह विराट शक्ति जो इस सृष्टि को रचती है जो इसे रंगों से भरती है, उसके लिए तुलसी बाबा लिखते हैं– 'सून्य भीति पर चित्र, रंग नहिं, तन बिनु लिखा चितेरे' है ना उस सृष्टा का कमाल और साथ में कवि का भी।

15

भारतीय वृद्ध समाज का चमकता चेहरा सफेद पर्दे पर

(सफेद पर्दे पर–रमेशचन्द्र शाह)

मानव मन बड़ा विचित्र है, इस मन को 'ज्यों ज्यों सुरझि भज्यो चहत, त्यों त्यों उरझत जाए।' मानव मन की गुत्थियाँ ही रचनाकार को सृजन हेतु प्रेरित करती है। बालपन से वृद्धावस्था तक मानव मन कितना भटकता है, बचपन के खिलौनों से लगाव, प्रेम, परिवार और दुनियादारी में बदल जाता है और कब यह सब पीछे छूट जाता है कब परलोक की चिन्ता और मुक्ति की कामना बलवती हो जाती है, पता ही नहीं चलता। रमेशचन्द्र शाह द्वारा रचित उपन्यास 'सफेद पर्दे पर' ऐसे ही मुक्तिकर्मियों की कथा है जो सरकारी/गैर सरकारी सेवाओं से सेवानिवृत्त हुए हैं।

व्यक्ति सेवानिवृत्ति के पश्चात् अचानक आत्मानुसंधान की ओर मुड़ने लगता है और अपने खालीपन को भरने के लिए नये – नये स्वांग रचता है। आज की सेवानिवृत्त पीढ़ी हताश, निराश, अवसाद ग्रस्त और अकेली नहीं है। आज सेवानिवृत्ति के पश्चात् भी बढ़िया बैंक– बैलेंस और पेंशन की बदौलत वे अच्छी तरह जीवन यापन कर सकते हैं। ये अपने बच्चों पर निर्भर नहीं हैं बल्कि इनके बच्चे जो दो

ही हैं – सम्पन्न और सुखी हैं। उनके लिए माता–पिता बोझ नहीं और माता–पिता भी अपने आप को व्यस्त रखते हुए बच्चों की गृहस्थी में दखल अंदाजी नहीं करते। ये इसलिए पलायन नहीं करते कि बच्चे इन्हें महत्त्व नहीं देते या उपेक्षा करते हैं बल्कि ये बुद्धिजीवी जीवन को देखना चाहते हैं, समझना चाहते हैं, कुछ करना चाहते हैं। नाती–पोते खिलाने वाली मानसिकता से ये ऊपर उठ चुके है। ये ऊर्जावान, कर्मठ और सक्रिय वृद्धजन हैं।

उपन्यास का नायक जो मनोविज्ञानी है, सेवा निवृत्ति के पश्चात् अपने बेटे बहू के साथ रहता है और यहीं वह वानप्रस्थ का फैसला करते हुए स्वयं के फ्लैट में आ जाता है। यह सब करते हुए वह बहुत सोचता भी है और इसीलिए अपने फैसले में अपने निकटतम मित्रों और बेटी को भी शामिल नहीं करता। यह आधुनिक वानप्रस्थ है जिसके बारे में स्वयं ही आत्मालाप करते हुए वे कहते है – "क्या योजना थी? क्या कल्पना थी वानप्रस्थ की तुम्हारी? यही ना कि अखबार, टी. वी. गपशप पारिवारिक मोहमाया......सारी विघ्न–बाधाओं को एक बारगी परे झटक कर तुम चौबीस घण्टे अपने साथ रहोगे। यानी अपनी 'आत्मा' की खोज में लगोगे – जो भी तौर तरीके तुमने सीखे या पढ़े हैं, इस ऐडवेंचर पर निकलने के, वे सब अज़माते हुए।"

सेवानिवृत्तों के बहाने उपन्यासकार ने बुद्धिजीवियों की विचारधारा को पकड़ा है। 'साइको' यानी मनोविज्ञानी इस उपन्यास का वाचक भी है और कथानायक भी। उसका एक बाल सखा है 'सोसो' यानी समाजशास्त्री जिसका वास्तविक नाम है विनय जो समाजवादी नास्तिक है और रिसर्च में लगा है, इनकी पत्नी कमला महाराजों के आश्रम से बंधी है। किन्हीं महाराज को गुरु मान अन्ततः स्वयं ही आश्रम में पहुँच जाती है। इनके एक और मित्र हैं जिन्हें ये अपने अभिभावक का दर्जा देते हैं, वह है सप्रे। सप्रे ऐंथ्रोपोलाजिस्ट हैं, ट्रायबल वेलफेयर विभाग में सेक्रेटरी पद से रिटायर हुए हैं और अत्यंत सक्रिय हैं। वे इगतपुरी में 'विपश्यना' शिविर में जाते हैं और मित्रों को भी ले जाते हैं। इनका

बेटा आस्ट्रेलिया में है वे वहाँ की एक संस्था के अनुदान से एन.जी.ओ. शुरु करना चाहते हैं परन्तु अपने तरीके से केवल नकल नहीं करना चाहते है, "नकलची एक्टिविज़्म नहीं चाहिए हमको। वैकल्पिक शिक्षा का, जल संग्रह के पारंपरिक तौर–तरीकों पुनरूद्धार का, जीवन विद्या के रूप में इंडियन फिलॉसफी और योग वगैरह पर एकदम आधुनिक ढंग की शोध करने – करवाने का.......कितने काम करने हैं।"

दत्तात्रेय दंपत्ती हैं जो सेवानिवृत्त प्रोफेसर हैं और निःसंतान है। दत्तात्रेय जी अब भी अध्ययनशील हैं और अखबारों में उनके लेख छपते हैं। श्रीमती अनसूया दत्तात्रेय को आध्यात्मिक सिद्धि है जिसकी अनुभूति कथा नायक को भी होती है।

उपन्यास में कथा का अभाव है, अलग अलग व्यक्ति–चित्र और विचार ही अधिक उभर कर आए हैं। लेखक का मन व्यक्तियों के रेखाचित्रण में अधिक रमा है। सोसो, सप्रे, श्रीमती दत्तात्रेय, कमला, रामरती आदि का लेखक ने अलग अलग चित्रांकन और चरित्रांकन किया है। श्रीमती दत्तात्रेय का अलौकिक चित्रण करने के साथ ही साथ उनके माध्यम से अलौकिक अनुभूति भी कथानायक ने की है।

आध्यात्मिकता, दार्शनिकता, वैचारिकता, सामाजिकता के बीच एक निश्चित दृष्टि का अभाव उपन्यास की गति को शिथिल करता है। उच्च शिक्षित वर्ग के माध्यम से अंग्रेजी शब्दों, मुहावरों, वाक्यांशों, वाक्यों की भरमार हिन्दी भाषा के साहित्य पर प्रश्न चिह्न लगाती है।

'सफेद पर्दे पर' उपन्यास आज के भारतीय वृद्ध समाज के चमकते चेहरे को प्रस्तुत करता है जो निश्चित, उत्फुल्ल और सक्रिय है, जो योग भी सीखता है, ध्यान भी, विपश्यना भी, जो मन को मारकर नहीं रहता, जिसे मुक्ति की तो कामना है परन्तु मृत्यु का भय नहीं है। ये परिवार और समाज की उपेक्षा का शिकार नहीं सम्मान के पात्र हैं।

16

शाबार उपरे मानुष सत्य

(सबसे ऊपर मानव है)

गीता के आठवें अध्याय में अर्जुन पूछते हैं ब्रह्म क्या है? और आध्यात्म क्या है? श्री भगवान कहते है– "अक्षरं ब्रह्म परमं स्वभावोऽध्यात्ममुच्यते" अर्थात् परम अक्षर ब्रह्म है, अपना स्वरूप अर्थात् जीवात्मा 'अध्यात्म' नाम से कहा जाता है। तिलक गीता रहस्य में इसकी व्याख्या इस तरह करते हैं– "परम अक्षर अर्थात् कभी नष्ट न होने वाला तत्व ब्रह्म है।" (गीता रहस्य पृ. 490) महर्षि व्यास अध्यात्म को मानव की श्रेष्ठता से जोड़ते हुये कहते हैं– विश्व में मनुष्य से श्रेष्ठ कुछ नहीं। उसी में परम चेतना को उभारने वाली विद्या का नाम अध्यात्म है। वस्तुतः अध्यात्म का लक्ष्य है– मनुष्य के अंदर छिपी शक्तियों और सद्प्रवृतियों को मनोवैज्ञानिक पद्धति से इतना आगे बढ़ाना कि व्यक्ति के जीवन में देवत्व छलकने लगे।

मानव के देवत्व को अर्थात् उसके श्रेष्ठ गुणों को मनोवैज्ञानिक पद्धति से उभारने का काम करता है साहित्य। इस हिसाब से साहित्य और अध्यात्म दोनों का लक्ष्य एक ही ठहरता है – मानव में देवत्व की खोज, मानव कल्याण और मानव से महामानव तक की यात्रा।

कवि और कलाकार, चिन्तक और दार्शानिक आदिकाल से इस परम लक्ष्य हेतु सर्जना करते आए हैं। उनके सामने अनेक प्रश्न हैं;

मानव मन महत्वपूर्ण है या मानव देह, व्यक्ति महत्वपूर्ण है या समाज, मनुष्य जीवन का अंतिम लक्ष्य क्या है।

यदि भौतिक सुख पा लेना उसका लक्ष्य है तो भौतिक सम्पन्नता उसे संतुष्ट क्यों नहीं करती? क्यों भटकता वह? भारतीय जीवन मूल्यों में मोक्ष प्राप्ति को महत्वपूर्ण बताया गया है पर मोक्ष कैसे पाया जाय? देह में रहकर विदेह कैसे हुआ जाए? विदेह स्वयं ही होना या अपने साथ दूसरों को भी मुक्त करना है। क्या भक्ति इसका माध्यम है? आदि आदि!!! रामचन्द्र शुक्ल का कथन है कि "जिस प्रकार आत्मा की मुक्तावस्था ज्ञानदशा कहलाती है उसी प्रकार हृदय की मुक्तावस्था रसदशा कहलाती है।" (चिन्तामणि भाग 1 पृ. 97) जहाँ–जहाँ भी कवि (साहित्यकार) इस मुक्तावस्था के लिए सर्जना करता है वह स्वयं को उस परम शक्ति को समर्पित करता है और आध्यात्मिकता की भावभूमि पर पहुँचता है और पहुँचाता है–

दुःख सबको माँजता है
और
चाहे स्वयं सबको मुक्ति देना वह न जाने, किन्तु
जिनका माँजता है
उन्हें यह सीख देता है कि सबको मुक्त रखे।

वैदिक ऋचाओं से गीतांजलि तक प्रार्थनाएं, प्रपत्ति भाव, मुक्तावस्था की यात्रा है, रवीन्द्रनाथ ठाकुर की प्रार्थना इस मुक्तावस्था को इंगित करती है–

"सुख भरे क्षणों में नतमस्तक मैं तेरा मुख पहचान पाऊँ
किन्तु दुःख भरी रातों में भी
जब सारी दुनिया मेरी वंचना करे
तब भी मैं तेरे प्रति शंकित न होऊँ"

वाल्मीकी से केदारनाथ सिंह तक प्राणीमात्र के प्रति करूणा भाव उस परम शक्ति के प्रति आस्था और विश्वास ही है, कालिदास के "अभिज्ञान शाकुन्तलम" से सुरेन्द्र वर्मा के 'काटना शंमी का वृक्ष, पद्म पखुंरी की धार से' तक सत्ता का प्रतिरोध और साधारण की पक्षधरता है, गालिब के 'बाजीच–ए–अतफाल दुनिया मेरे आगे' से निदा फाजली के 'दुनिया जिसे कहते हैं, जादू का खिलौना है, मिल जाए तो मिट्टी है, खो जाए तो सोना है' तक एक मुक़म्मल जहाँ और जिन्दगी की तलाश है। साहित्यकार मानव को सर्वोपरि रखता है और आध्यात्मिकता से मानवता का, सच्ची मानवता का विकास हो सकेगा। डॉ. राधाकृष्णन आध्यात्मिकता को, ईश्वरावतार की अनुभूति को वैयक्तिक नहीं मानते; ईश्वरावतार की अनुभूति जब व्यक्ति में नहीं होकर सारे समूह में होने लगेगी, तभी नयी मानवता का आविर्भाव होगा तभी आज की मानवता किसी उज्ज्वलतर मानवता में रूपान्तरित होगी, तभी मनुष्य का पुनर्जन्म होगा और तभी संसार की नवीन रचना संभव होगी। आध्यात्मिक मनुष्य का अविर्भाव विश्व का अगला सौभाग्य है। यही आध्यात्मिक आदर्श हमारे भीतर रचनात्मक शक्तियों का रक्षण करेगा, निष्प्राण बुद्धि से हमें रक्षा और त्राण देगा तथा हमारी वासनाओं को रचनात्मक रूप दे कर मन, आचरण और आत्मा से हमें एक बना कर विश्व बंधुत्व को संभव बनायेगा। (संस्कृति के चार अध्याय, रामधारी सिंह दिनकर, पृ. 559) अध्यात्म एकांत साधना नहीं बल्कि सामूहिक मुक्ति है। 'असाध्य वीणा' (अज्ञेय) में केशकंवली प्रियवंद वीणा को साधते हैं संपूर्ण समर्पण से परन्तु उसका संगीत सब को अपने–अपने भावों के अनुरूप अनुभूत होता है–

अवतरित हुआ संगीत
स्वयंभू/जिसमें सोता है अखण्ड
ब्रह्म का मौन/अशेष प्रभामय
डूब गये सब एक साथ।
सब अलग–अलग एकाकी पार तिरे।

(आँगन के पार द्वार, पृ. 71, असाध्य वीणा)

मानव जीवन का सर्वांगीण विकास, मानव कल्याण आध्यात्मिकता के मूल में है और साहित्यकार के लिए भी सर्वोपरि मानव ही है; पंत मानव को विहग और सुमन से सुन्दरतम कहते हैं, रवीन्द्रनाथ ठाकुर का आध्यात्मवादी दर्शन मानवतावादी दर्शन है। चण्डीदास भी यही कहते हैं—

शुनह मानुष भाई
शाबार उपरे मानुष सत्य
ताहार ऊपर नाई।

मानव मात्र के कल्याण की कामना वैयक्तिक सुख—दुःख को भी वैश्विक सुख—दुःख में पर्यवसित कर देती है। 'आँसू' (प्रसाद) खण्डकाव्य में जो घनीभूत पीड़ा दुर्दिन में आँसू बन कर आई थी वही वैयक्तिक पीड़ा विश्व—पीड़ा बनकर आती है—

सब का निचोड़ लेकर तुम
सुख से सूखे जीवन में
बरसो प्रभात हिमकन—सा
आँसू इस विश्व—सदन में।

आँसू से कामायनी तक प्रसाद में यही विश्व—चेतना और मानव चेतना है। शक्ति के विद्‌युतकणों के समन्वय से मानवता की विजय गाथा, विषमता से समरसता की यात्रा है जिसमें जड़ और चेतन सब में उसी की चेतना विलसती है और अखण्ड आनंद की सृष्टि होती है। मानव जीवन की स्वीकृति में ही आध्यात्मिकता है "यदि वर्तमान मनुष्य के विचार और भाव संकुचित रहते हैं, तो उसके विकास में बाधा पड़ेगी। इसके विपरीत यदि हम अपने अहं की संकीर्णता का त्याग करते हैं। अपना देय सबके लिए उनमुक्त करते हैं। अपने भीतर आनंद और प्रेम को उमड़ कर दूसरों को भिगोने देते हैं, तो विकास की प्रक्रिया तेज हो जायेगी। आध्यात्मिक जीवन, मानव जीवन की

अस्वीकृति में नहीं, वरन् उसकी पूर्णता में है।" (डॉ. राधाकृष्णन, संस्कृति के चार अध्याय, रामधारी सिंह दिनकर, पृ. 560) मानव जीवन की पूर्णता के लिए साहित्यकार साहित्य सर्जना करता आया है। हजारी प्रसाद द्विवेदी मानव की सब तरह से मुक्ति को मानवतावाद का प्रमुख लक्षण मानते हैं। सब तरह से मुक्ति तब ही हो सकेगी जब मनुष्य निर्भीक और निडर होगा। सामाजिक रूढ़ियाँ, धार्मिक बेड़ियाँ उसे बाँधती हैं इसीलिए वे कहते है "किसी से न डरना गुरु से भी नहीं, मन्त्र से भी नहीं, लोक से भी नहीं, वेद से भी नहीं।" (बाणभट्ट की आत्मकथा आ. हजारी प्रसाद द्विवेदी पृ. 81) कबीर ने इस अध्यात्म की यात्रा को 'जो घर जालै आपणा, चले हमारे साथ' के साथ पूर्ण किया तो तुलसी ने निर्भीकता से 'नर के मनसबदार' होने से इंकार किया, कुंभनदास ने भी 'सीकरी' से स्वयं को दूर रखा और मीरा ने तो घोषणा कर दी 'छांड़ि दई की कुल का कानि कहा करेगा कोई।' निर्भीकता यदि मानव को मानव की गरिमा प्रदान करती है तो स्वयं में विश्वास उस विकास के पथ पर अग्रसर करता है। इसीलिए विवेकानंद ने अध्यात्म की व्यावहारिकता पर अपने विचार प्रगट करते हुए कहा था कि मैं उस धर्म और ईश्वर में विश्वास नहीं करता जो विधवा के आँसू पोंछने या अनाथों को रोटी देने में असमर्थ हो। उन्होंने कहा कि ईश्वर को ढूंढने कहाँ जाना है। क्या गरीब दुःखी और निर्बल ईश्वर नहीं है? अपना मस्तक ऊँचा करो तुम में से हर एक व्यक्ति के भीतर एक ईश्वर विद्यमान है। सच्चे वेदांती को अपने मनुष्य होने में गर्व होना चाहिए उसे समाज से उन सब बातों को मिटाने का प्रयत्न करना चाहिए जो मनुष्य को अपमानित करती हैं। (शक्तिदायी विचार–वेदांती धर्म) साहित्यकार अध्यात्म को व्यावहारिकता के धरातल पर ला कर उसे अधिक सहज, सरल और ग्राह्य बनाता है। अध्यात्म एकांत साधना के साथ मानव कल्याण की भूमि तैयार करता है और साहित्यकार उस भूमि पर फसल तैयार करता है। अस्तु साहित्य और अध्यात्म दोनों का लक्ष्य एक ही है 'शाबार उपरे मानुष सत्य'।

17

"सैरन्ध्री – अहं नहीं आत्माभिमान"

महाभारत की कथा और पात्रों में एक अनोखा आकर्षण है और अद्भुत सम्मोहन है। भारतीय साहित्य की इस महाकाव्यात्मक रचना ने भारतीय भाषाओं के साहित्यकारों को आकर्षित किया, और इसी कारण कुछ कालजयी रचनाएँ भारतीय साहित्य की थाती बन गई। मृत्युंजय (शिवाजी सावंत) द्रौपदी (प्रतिभा राय) अंधा युग (धर्मवीर भारती) जैसी रचनाओं ने महाभारत की कथा को युगीन रंग दिया।

स्त्री–विमर्श और दलित–विमर्श ने भी द्रौपदी और कर्ण को अतीत से उठाकर वर्तमान पर ला खड़ा किया है। द्रौपदी, पांचाली, कृष्णा आदि नामों से अभिहित द्रुपद पुत्री का विवाह और जीवन दोनों ही आज अनेक प्रश्न लेकर खड़े है। पाँच पतियों की पत्नी, पाँच वीरों की पत्नी का जीवन कितना कण्टकाकीर्ण रहा, यज्ञ से जन्मी, अनिंद्य सुन्दरी कृष्णा ने वरण किया अर्जुन का परन्तु सहवास करना पड़ा पाँच पतियों से। धर्मराज युधिष्ठिर, गदाधारी भीम, गाण्डीव धारी अर्जुन और नकुल सहदेव जैसे पतियों के होते हुए भरी सभा में चीरहरण, सहायता को पहुँचे भी तो सखा कृष्ण और पति मूक दर्शकों की तरह देखते रहे।

नरेन्द्र कोहली के सामने था महाभारत का यही नारी–चरित्र और घटना थी पाण्डवों का अज्ञातवास। अज्ञातवास अर्थात् अपनी विशिष्ट

पहचान छुपाकर स्वयं को सुरक्षित रखना। ऐसी दशा में पाण्डव अपने वरदानों या अभिशापों या अपने विशिष्ट गुणों के कारण विराटनगर में स्थान पा लेते है। द्रौपदी भी रानी सुदेष्णा की सैरन्ध्री के रूप में स्थान पालेती है। सेविका का स्थान द्रौपदी पा लेती है परन्तु यह विराट नगरी है। विराट नगरी जहाँ राजा अपने श्यालक, सेनापति कीचक के हाथ की कठपुतली है। कीचक जो कि दंभी, अहंकारी, अविवेकी, शक्ति और सत्ता के मद में चूर है और पर–स्त्री पर वह अपना अधिकार समझता है। यहाँ का राजा भी सौन्दर्य लोलुप है। ऐसे राज्य में द्रौपदी अपने पाँच पतियों के साथ पहुंचती है। पाँचो पति अपने योग्य विराटनगरी में रूप और कार्य तलाश लेते हैं। समस्या तो द्रौपदी की है उसे अपने पतियों की तरह कोई वरदान या अभिशाप नहीं मिला जिसके चलते वह अपना रूप बदल ले। तब वह राजप्रासाद में रानी सुदेष्णा की सैरन्ध्री का कार्य स्वीकार तो लेती है परन्तु वह यह भी जानती है कि वह यहाँ सुरक्षित नहीं है। इसीलिए वह रानी सुदेष्णा से अपनी रक्षा का आश्वासन लेती है। वह अच्छी तरह जानती है कि "जिस राज्य का सेनापति धर्म त्याग दे और राजा उसके सम्मुख असहाय हो जाए, वहाँ तो न राजा सुरक्षित है, न रानी, प्रजा का तो कहना ही क्या।"[1] द्रौपदी जानती है कि वह असुरक्षित है और वह रानी से आश्वासन लेती है और रानी उसे आश्वासन देती भी है– "ठीक है सैरन्ध्री। मुझे तुम्हारी दोनों बातें स्वीकार हैं। तुम केवल मेरी सेवा में रहोगी और जिस स्त्री अथवा पुरुष के सम्मुख तुम नहीं जाना चाहोगी उसके – लिए तुम्हें कोई बाध्य नहीं करेगा। तुम न किसी के चरण छूओगी, न किसी का उच्छिष्ट भोजन"[2] परन्तु सुदेष्णा अपने आश्वासन का निर्वाह कहाँ कर पाती है। लंपट और सत्ता के मद में चूर, स्त्री देह को भोग का साधन मात्र समझने वाले अपने भ्राता कीचक से सुदेष्णा सैरन्ध्री की रक्षा नहीं कर पाती है और स्वयं ही अपने भाई के प्रासाद में उसे भेज देती है। सैरन्ध्री किसी तरह अपनी रक्षा तो कर लेती है परन्तु उसे भय भी बना रहता है; इसीलिए वह अपने अदृश्य पाँच गंधर्व

पतियों से अपनी रक्षा का न केवल भ्रम फैला कर रखती बल्कि आवश्यकता पड़ने पर वे पाँच गंधर्व पति जो कि वास्तव में पाँच पाण्डव ही थे सैरन्ध्री की रक्षा भी करते हैं।

इस उपन्यास की विशिष्टता कथा में नहीं कथा के माध्यम से उठाए वे प्रश्न हैं जो आज भी उतने ही सामयिक हैं जितने महाभारत काल में थे। कला, जीवन, धर्म, न्याय और दण्ड विधान, स्त्री और पुरुष, पाप और पुण्य, राजा और सेनापति, राज्य और सुरक्षा, भोग और संयम, ऐसे कुछ शाश्वत प्रश्न हैं जिसके समाधान की खोज जागरूक साहित्यकार को हमेशा बनी रहती है। कला का प्रयोजन ईश साधना मानते हुए उपन्यासकार ने अर्जुन वृहन्नला से कहलवाया है "कलाओं से सब कुछ प्राप्त हो सकता है। यश भी, धन भी, काम भी। अब यदि किसी को काम मिले और वह काम को पकड़कर कला को त्याग दे तो उसकी कला की यात्रा वहीं समाप्त हो जाती है। यही बात यश और धन लेकर भी है। यदि साधक मार्ग में मिला सब कुछ ईश्वर को समर्पित कर आगे बढ़ता चले तो अंत में वह कला उसे अपने शुद्ध रूप में प्राप्त हो जाती है, जो ईश्वर का ही एक रूप है।"[3] वे कला की साधना को चरित्र की उज्ज्वलता भी मानते हैं "कला की साधना अपने चरित्र की भी साधना है।"[4]

उपन्यासकार ने जीवन के तत्व और संवेदनाओं को अत्यंत सहज रूप में रख दिया है, न आडम्बर, न उपदेशक की मुद्रा कुछ उदाहरण दृष्टव्य हैं–

– "ईश्वर कला रूप भी है पुत्री! वह रस रूप भी है।"[5]
– "अभागी द्रौपदी तूने शरीर का सौन्दर्य क्यों देखा? आत्मा के सौन्दर्य की ओर तेरा ध्यान क्यों नहीं गया?"[6]
– "आप धर्म की रक्षा करें, धर्म आपकी रक्षा करेगा।"[7]
– "पाप पदार्थ में नहीं व्यक्ति में होता है।"[8]

– "स्वयं को इस शरीर से पृथक कर, तटस्थ भाव से संसार को देखो, तो तुम्हें पता चलेगा कि न सुख है, न दुःख हैं – ये सब हमारे बनाए हुए भ्रम मात्र हैं।"[9]

नरेन्द्र कोहली महाभारत और रामायण के पात्रों, घटनाओं और कथाओं पर लिखने में पारंगत हो चुके हैं। इसीलिए 'सैरन्ध्री' की भाषा में सहजता है, अनावश्यक संस्कृत बहुलता नहीं हैं, जो उपन्यास की पठनीयता को बोझिल बना दे।

और अंत में द्रौपदी से, कृष्णा, पांचाली और सैरन्ध्री तक की यात्रा में बार–बार द्रौपदी के स्त्री मन को ही ठेस पहुंची है। उसका संपूर्ण आक्रोश अपने आत्माभिमान की रक्षार्थ ही है। बृहन्नला अर्जुन के प्रति कटाक्ष हो या कंक युधिष्ठिर के प्रति व्यंग्य हो या बल्लभ भीम के प्रति विश्वास हो सैरन्ध्री आत्मरक्षा, आत्माभिमान और आत्मसममान की लड़ाई ही लड़ती दिखाई देती है। यही हर स्त्री की लड़ाई भी है।

संदर्भ सूची

1. सैरन्ध्री – नरेन्द्र कोहली पृ. – 15।
2. सैरन्ध्री – नरेन्द्र कोहली पृ. – 17।
3 सैरन्ध्री – नरेन्द्र कोहली पृ. – 51।
4. सैरन्ध्री – नरेन्द्र कोहली पृ. – 50।
5. सैरन्ध्री – नरेन्द्र कोहली पृ. – 50।
6. सैरन्ध्री – नरेन्द्र कोहली पृ. – 48।
7. सैरन्ध्री – नरेन्द्र कोहली पृ. – 127।
8. सैरन्ध्री – नरेन्द्र कोहली पृ. – 126।
9. सैरन्ध्री – नरेन्द्र कोहली पृ. –

18

निराला – 1
राम की शक्ति पूजा और शारदीया नवारात्रि

भारतीय, संस्कृति आराधना, उपासना और भक्ति की संस्कृति है। आराधना, उपासना अज्ञात शक्ति के प्रति हो, देवी देवता के प्रति हो या भारतमाता के प्रति, भारतीय संस्कृति में यह निरन्तर है। आराधन भी ऋतुओं के अनुसार परिवर्तित होता रहता है। यदि वर्षा ऋतु को ही लें तो इसका चक्र शिवोपासना (सावन) से आरंभ होकर दुर्गा उपासना पर सम्पन्न होता है।

शारदीया नवरात्रि दुर्गा उपासना और रावण पर राम की विजय का पर्व है। राम द्वारा देवी की उपासना और देवी द्वारा विजय का आशीर्वाद इस पर्व के मूल में है। रावण से सीता की मुक्ति के इस पर्व में यह स्पष्ट होता है कि एक स्त्री की मुक्ति के लिए एक देवी सीता की मुक्ति के लिए श्री राम ने दूसरी देवी माता दुर्गा का आराधन किया। कितनी सुन्दर कल्पना है एक पुरुष द्वारा एक देवी के उद्धार के लिए दूसरी देवी का आराधन और विचित्र बात यह है कि राम और रावण दोनों ही देवी के उपासक थे परन्तु रावण ने सीता को बंदी

बनाने का अपराध किया इसीलिए मारा गया। जो भी स्त्री शक्ति का अपहरण करेगा, उसे बंधक बनाएगा ऐसे ही मारा जाएगा।

इस संदर्भ में निराला की 'राम की शक्ति पूजा' लंबी कविता को देखा जा सकता है। शक्ति पूजा का प्रसंग सर्वत्र नहीं मिलता केवल देवी भागवत, शिव महिम्न स्त्रोत एवं कृत्तिवास रामायण में ही मिलता है। इसी को निराला जी ने आधार बनाया है। 'राम की शक्ति पूजा' वीर, श्रृंगार, अद्भुत और शांत रस से युक्त एक कालजयी रचना है। 1936 में प्रकाशित 'राम की शक्ति पूजा' बहुआयामी लंबी कविता है जिसमें भारतीय सांस्कृतिक गौरव के प्रति अनुराग है, शक्ति की उपासना है, प्रेम का औदार्य है, भक्ति की गरिमा है, विजय का वरदान है और काव्य कला का प्रतिमान है।

कविता का आरंभ होता है ....

रवि हुआ अस्त : ज्योति के पत्र पर लिखा अमर
रह गया राम–रावण का अपराजेय समर
आज का ....

दिन भर राम और रावण के बीच जो प्रलंयकारी युद्ध हुआ उसमें दोनों ओर से सेनाओं ने पूरी शक्ति के साथ युद्ध किया। रावण की सेना और रावण के युद्ध कौशल को राम 'शर–भंग–भाव' से देख रहे थे। रावण के प्रहारों से वानर सेना व्याकुल हुई जा रही थी। प्रमुख योद्धा मूर्च्छित हो रहे थे, लक्ष्मण और जाम्बवान राक्षसों को रोकने का प्रयत्न कर रहे थे ऐसे में केवल हनुमान ही थे जो विचलित नहीं हुए थे।

आज का जो भीषण युद्ध हुआ उससे वानर वाहिनी खिन्न हो जाती है और श्रीराम चिन्तित दिखलाई देते हैं। निराला जी इस निराशा और हताशा को इस प्रकार चित्रित करते हैं –

है अमा निशा; उगलता गगन घन अंधकार
खो रहा दिशा का ज्ञान; है स्तब्ध है पवन–चार

अप्रतिहत गरज रहा पीछे अंबुधि विशाल
भूधर ज्यों ध्यान मग्न, केवल जलती मशाल।

राम का मन शंकाकुल हो रहा है उन्हें रावण की जय का भय अस्थिर कर रहा है। हर स्थिति में अविचलित रहने वाले राम भी आज विचलित हो रहे हैं, उनका मन अस्थिर हो रहा है।

इस निराशा में प्रकाश की किरण की तरह उन्हें वैदेही से प्रथम मिलन का स्मरण हो आता है–

– याद आया उपवन
विदेह का, प्रथम स्नेह का लतान्तराल मिलन
नयनों का–नयनों से गोपन–प्रिय संभाषण,
पलकों का नव पलकों पर प्रथमोत्थान–पतन,

जानकी का स्मरण होते ही उनके मन में विश्व–विजय की भावना भर उठती है परन्तु उन्हें फिर आज का भीषण युद्ध याद आ जाता है जिसमें उनके मंत्रभूत तीर निरर्थक हो रहे थे और फिर उनके समक्ष युद्ध का दृश्य उपस्थित हो जाता है।

देखते राम, जल रहे शलभ ज्यों रजनीचर,
ताड़का, सुबाहु, विराध, शिरस्त्रय, दूषण, खर,
फिर देखी भीमा मूर्ति आज रण देखी जो
आच्छादित किये हुए सम्मुख समग्र नभ को
ज्योतिर्मय अस्त्र सकल बुझ – बुझ कर हुए क्षीण,
पा महानिलय उस तन में क्षण में हुए लीन।

महाशक्ति, अज्ञात शक्ति रावण को संरक्षण दे रही है। सीता का उद्धार कैसे होगा? सोचते हुए राम के नेत्रों से अश्रु की दो बूंदे गिर जाती है। हनुमान राम के चरणों में ही बैठे हैं वे जब उन अश्रुओं को देखते हैं तो व्याकुल हो जाते हैं और संपूर्ण आकाश को ही निगलने

के लिए आतुर हो जाते हैं। भगवान शिव महानाश की आशंका में देवी पार्वती से कहते हैं कि आप विद्या का सहारा लेकर इस वानर को समझाएँ। यहाँ देवी पार्वती माँ अंजना के रूप में हनुमान के समक्ष प्रगट होकर उन्हें प्रबोध देती हैं।

इधर श्रीराम के खिन्न मुख को देख कर समस्त सभासद चिन्तित हो उठते हैं। विभीषण श्रीराम की निराश मनोदशा से उन्हें उबारने के लिए उनकी वीरता और युद्ध कौशल का स्मरण कराते हैं और कहते हैं–

– रघुकुल गौरव; लघु हुए जा रहे
तुम इस क्षण तुम फेर रहे हो पीठ हो रहा जब जय – रण

तब राम उन्हें अपनी निराशा और हताशा का कारण बताते हुए कहते हैं–

– "मित्रवर विजय होगी न समर,
यह नहीं रहा नर – वानर का राक्षस से रण
उतरीं पा महाशक्ति रावण से आमन्त्रण
अन्याय जिधर, है उधर शक्ति!"

राम यह बताते हैं कि रावण के पक्ष में महाशक्ति युद्ध क्षेत्र में रावण का रक्षण कर रही है। महाशक्ति रावण को अपनी गोद में लिए है और मैं जैसे–जैसे युद्ध को उद्धत होता हूँ देवी मेरे तीरों को व्यर्थ करती जा रही है। तब उन्हें जाम्बवान आश्वस्त करते हुए कहते हैं –

"रघुवर,
विचलित होने का नहीं, देखता मैं कारण
हे पुरुष–सिंह, तुम भी, यह शक्ति करो धारण,
आराधन का दृढ़ आराधन से दो उत्तर,
जाम्बवान श्रीराम को यह भी कहते हैं –

शक्ति की करो मौलिक कल्पना करो पूजन
छोड़ दो समर जब तक न सिद्धि हो रघुनंदन।

तत्पश्चात् शक्ति की मौलिक कल्पना के लिए वे वहाँ के प्राकृतिक उपादानों पर देवी पार्वती, सिंह आदि का आरोप कर देते है। तत्पश्चात श्रीराम हनुमान को एक सौ आठ कमल पुष्प लाने का आदेश दे देवी के आराधन में लग जाते है। नौ दिन की इस उपासना में.....

क्रम–क्रम से हुए पार राघव के पंच दिवस,
चढ़ षष्ठ दिवस आज्ञा पर हुआ समाहित मन,

आठवां दिवस मन ध्यान–युक्त चढ़ता ऊपर फिर वह दिवस भी आया जब एक ही कमल शेष रहा तब माँ दुर्गा 'छिपकर हँस उठा ले गयी पूजा का प्रिय इन्दीवर' जब राम ने बंद नेत्रों से अंतिम पुष्प देवी को समर्पित करने हेतु हाथ बढ़ाया तो वहाँ पुष्प नहीं था, वे अचंभित रह गये, आराधना की पूर्णाहुति से पूर्व आसन छोड़ नहीं सकते थे। अब सिद्धि प्राप्त कैसे हो? तभी उन्हें स्मरण हो आया कि माता मुझे राजीव नयन कहा करती थीं। अभी भी नेत्रों के रूप में दो कमल शेष हैं। अभी माता को एक नयन देकर इस आराधना को पूर्ण करता हूँ। वे अपने बाँए हाथ में अस्त्र लेकर दाहिनी आँख देवी को समर्पित करने हेतु उद्यत होते हैं तभी देवी प्रगट हो उन्हें रोक देती है और कहती है –

"साधु–साधु साधक धीर, धर्म–धन धन्य राम!"

तत् पश्चात् निराला जी ने समस्त देवियों को वहाँ उपस्थित कर दिया –

देखा राम ने – सामने श्री दुर्गा भास्वर
वामपद असुर–स्कंध पर, दक्षिण हरि पर;

ज्योतिर्मय रूप; हस्त दश विविध अस्त्र–सज्जित,
मंद स्थित मुख, लख हुई विश्व श्री लज्जित,
है दक्षिण में लक्ष्मी, सरस्वती वाम भाग,
दक्षिण गणेश, कार्तिक बायें रण–रंग–राग,
मस्तक पर शंकर।' पद्मपदों पर श्रद्धाभर
श्री राघव हुए प्रणत मन्दस्वर वन्दन कर।
होगी जय, होगी जय, हे पुरषोत्तम – नवीन।
कह महाशक्ति राम के वदन में हुई लीन।

अब राम भी रावण की तरह शक्तियुक्त हो गये हैं और राम चूँकि धर्म के पक्ष में हैं अतः उनकी विजय निश्चित है। इस प्रकार 'राम की शक्ति–पूजा' शारदीया नवरात्रि और दशहरा पर्व को संकेतित करती है।

19

निराला–2
निराला की दो कविताएँ – भिक्षुक और तोड़ती पत्थर

डी.एच. लारेंस ने कहा है – "कवि चाहे कुछ कहे कविता सच ही कहती है।" कवि की सच्चाई कविता में अनावृत हो जाती है। जो वह नहीं कहता वह भी अनायास प्रगट हो जाता है। विषय वस्तु का चयन तो कवि स्वयं करता है लेकिन उसकी प्रस्तुति उसके अन्तरतर को खोल कर देती है, उसकी मान्यताऐं, धारणाऐं, आस्थाऐं, सोच और दृष्टि अवचेतन से बाहर आ जाते हैं। मलयज लिखते हैं 'कविता कुछ भी सिद्ध नहीं करती सिवाय एक अनुभव रचने के।' अनुभव हर एक का अलग होता है। अपने युग और परिस्थितियों के अनुरूप होने के बावजूद यह अनुभव अंतर की अनुभूति से इस कदर लिप्त होता है कि रचना में अनायास अभिव्यक्त हो जाता है।

निराला का रचना संसार विरोधों, अवरोधों, 'धिक् जीवन जो पाता ही आया विरोध' के कारण कठोर संघर्षमय 'उगलता गगन घन अंधकार' तो है ही बहुत कोमल भी है। बाह्य संघर्ष और सामाजिक विषमता का गरल भी उनकी सौन्दर्यानिभूति को नहीं पी सका। उनकी सौन्दर्यानुभूति उनके प्रकृति चित्रण की कविताओं 'जूही की कली',

संध्या सुंदरी, वनबेला, नर्गिस में तो अपने चरम पर है, परन्तु विधवा एवं तोड़ती पत्थर में एक आभिजात्य गरिमा के साथ उभरी है। उनकी विधवा और तोड़ती पत्थर कविताएँ यथार्थ की कठोरता को गरिमा मण्डित कर देती हैं। रामविलास शर्मा के अनुसार "निराला की रचनाओं में सौन्दर्य के प्रति प्रबल आकर्षण है और वह नियन्त्रित रहता है, इसलिए उदात्त है।" फिर चाहे वह पत्थर तोड़ती गर्मी और लू सहन करने वाली मजदूर स्त्री ही क्यों न हो।

निराला ने 'भिक्षुक' और 'तोड़ती पत्थर' दोनों कविताओं में समाज के सर्वहारा एवं शोषित वर्ग की स्थिति को संवेदना और अनुभूति के स्तर पर रचा है। एक का प्रतिनिधि पुरुष है और दूसरी कविता में स्त्री है। निराला ने भिक्षुक का तो यथार्थ, करूण और मार्मिक चित्र प्रस्तुत किया परन्तु मजदूर नारी को अपने आभिजात्य संस्कारों के कारण कुरूप, फटेहाल, कृशकाय नहीं दिखा पाते।

देखिए–

– वह आता –

दो टूक कलेजे के करता पछताता पथ पर आता।
पेट पीठ दोनों मिल कर है एक,
चल रहा लकुटिया टेक,
मुठ्ठी भर दाने को भूख मिटाने को
मुँह फटी–पुरानी झोली को फैलाता –
दो टूक कलेजे के करता पछताता पथ पर आता।

में पाठक की सारी करुणा भिक्षुक के प्रति द्रवित हो बह निकलती है 'पेट पीठ है दोनों मिलक एक' में भिखारी की कृशकाया उसके अभाव ग्रस्त जीवन का आईना ही बन गई है, 'चल रहा लकुटिया टेक' में उसकी अक्षमता है तो 'दो टूक कलेजे के करता, पछताता पथ पर आता' में उसकी असहायता है।

अब देखिए–

वह तोड़ती पत्थर
देखा उसे मैंने इलाहाबाद के पथ पर
वह तोड़ती पत्थर
कोई न छायादार
पेड़ वह जिसके तले बैठी हुई स्वीकार,
श्याम तन, भर बंधा यौवन
नत नयन, प्रिय कर्म रत मन।

में करूणा बहती नहीं जमने को होती है। 'श्याम तन भर बँधा यौवन' कहीं भी दयनीयता का भाव नहीं निराला इस मजदूर स्त्री को कुरूप, अक्षम या असहाय नहीं दिखा पा रहे हैं। जब कि भिक्षुक में भिखारी शारीरिक एवं आत्मिक रूप दोनों से ही दया का पात्र दिख रहा है। 'नत नयन, प्रिय कर्म रत मन' में नारी की गरिमा और उसके आभिजात्य की रक्षा करते हैं। फिर चाहे वह मजदूर स्त्री ही क्यों न हो। जबकि भिखारी तो 'दो टूक कलेजे के करता पछताता पथ पर आता।' इसी प्रकार 'भिक्षुक' में कवि उसके प्रति पाठक की सहानुभूति संकेतों द्वारा पैदा नहीं करता बल्कि –

– घूँट आँसूओं के पीकर रह जाते।
चाट रहे जूठी पत्तल वे सड़क पर खड़े हुए,
और झपट लेने को उनसे कुत्ते भी अड़े हुए।

कहकर सीधे–सीधे उसकी दारूण, करूण दशा का वर्णन कर देते हैं। दूसरी और 'तोड़ती पत्थर' में प्रचण्ड गर्मी का वर्णन कर मजदूर स्त्री की विवशता से पाठक के हृदय में सहानुभूति पैदा करते हैं। पत्थर तोड़ने के बावजूद वह साधन हीन, विपन्न एवं असहाय नहीं लगती बल्कि 'गुरु हथौड़ा हाथ, क़रती बार–बार प्रहार' में साहसी

लगती है। उसकी विवशता केवल 'जो मार खा रोयी नहीं' में ही प्रगट होती है।

विधवा एवं तोड़ती पत्थर में निराला जी ने नारी की गरिमा और आभिजात्य के साथ प्रस्तुत किया। यद्यपि 'रानी और कानी' में उन्होंने नारी का नग्न यथार्थ के साथ चित्रण किया है। तथापि वे नारी को उसके सौन्दर्य और गरिमा के आभिजात्य के साथ ही देखते हैं।

20

बाजार से गुजरा हूँ खरीददार नहीं हूँ

"भक्तिकाल की कविता जनता के जीवन में रमी हुई कविता है, वह परम्परा है और संस्कृति भी है। इसलिए जब इस देश की जनता के सामने ऐसी ऐतिहासिक स्थितियाँ और सामाजिक वास्तविकताएँ आती हैं जो विकल्पों के बीच चुनाव की चुनौती खड़ी करती हैं तब वह भक्ति आंदोलन के कवियों की ओर देखती हैं।"

भारतीय जनमानस में अपनी गहरी पैठ रखने वाली संत परम्परा के कवि 'सीकरी' से विरक्त अपनी मन की मौज में 'मनुआ बेपरवाह' के साथ शहंशाह है, जो नर के मनसबदार नही हैं जिनका स्वभाव 'सूप' के समान है 'सार सार गहि रहै, थोथा देय उड़ाय ' ऐसे संत कवि ही भारतीय समाज और राष्ट्रीय चेतना में आज भी प्रासंगिक है। दक्षिण से जो भक्ति की लहर उपजी उसे कबीर जैसे संतों ने ही 'सात दीप और नौ खण्ड में प्रकट किया। दक्षिण से उत्तर की ओर तक यह संत परम्परा गमन करती है। जो कथनी और करनी के भेद को मिटाती है, जो अपनी जाति या वर्ण के कर्म को अपनी काव्याभिव्यक्ति में और भक्ति की भावांजलियों में सहज ही पिरो लेते हैं। 'कासी बसै जुलाहा एक' कबीर अपने काव्य में अपनी दस्तकारी से शब्द उठाते हैं– 'झीनी बीनी चदरिया' अपने जुलाहा कर्म को ईश्वरीय उपासना में, आंखिन देखी कहने में, मंदिर और मस्जिद, पंडित और मुल्ला को

फटकारने में शब्द सामान्य जीवन से लाते हैं। 'काहे का ताना, काहे का बाना', 'धागा ज्यूँ टूटे त्यूँ जोरि' वे कर्म को सहजता से पिरोते हैं। रैदास अपने कर्म से शब्द ग्रहण करते हैं। 'मन चंगा तो कठौती में गंगा कहकर आडम्बर का विरोध तो करते ही हैं कर्म की महत्ता भी प्रतिपादित करते हैं।

जागे अरू रौवे...................... ।

साहित्य जो जगाता है। मीठी नींद में सोए, भ्रम में पड़े आडम्बर और अंधविश्वास में भटके, धर्म और साम्प्रदायिकता में उलझे, लोक और शास्त्र में धंसे, वर्ण और जाति में बँधे, श्रेष्ठ (ब्राह्मण) और नीच (शूद्र) के भेदभाव में पड़ें बिना समाज को जगाए वही संत है। संत का जगाना या जागरण प्रातः का, भोर का, ऊषा का जागरण नहीं है जिसमें मिठास हो, उजास हो, सुहास हो। यह गहरी नींद में सोए, जकड़बंदी में पड़े समाज को तीखे तेवरों से, कड़वी वाणी से, व्यंग्य से जगाना है। ऐसा जागरण जगाने वाले को कष्ट भी देता है—

सुखिया सब संसार है, खावे अरू सोवै।
दुखिया दास कबीर है, जागे अरू रोवै।।

कबीर का दुःख जागने के कारण है और अधिक इसलिए है कि जिन्हें वे जगाना चाहते है वे तो मंदिर मस्जिद के झगड़ों में, तीरथ उपवास के नियमों में बँधकर माला जपते हैं, केश मुडवाते हैं, अजान देते हैं, घण्टा बजातें है और जब वे कुछ कहते हैं तो परिणाम उल्टा ही होता है –

ऐसा कोई ना मिले, जासूं कहूँ निसंक।
जासों हिरदे की कहूँ, सो फिरि मारे कंक।।'

बदले में कंकड़ मिले या पत्थर संत को तो सत्य ही कहना है और मार्ग दिखाना है। बार—बार वह समाज जनों को संबोधित करता है कभी साधो कहकर तो कभी अवधूत, भाई, पाण्डे, मुल्ला कहकर

जगाता है, दायित्व का बोध कराता है और आत्मदया के स्थान पर आत्म गौरव की बात करता है। संपूर्ण संत साहित्य में दयनीय भाव कहीं दिखाई नहीं देता बल्कि वह आत्म विश्वास जगाता है। आज के दलित चिन्तन में दलित साहित्यकार अपनी सामाजिक स्थिति, अपनी दुरावस्था को उठा–उठा कर दिखाता है। संत कवि अपने मन की मौज में है अपने निम्नकुल में जन्म लेकर भी उसमें आत्मदया नहीं है बल्कि वह तो ताल ठोककर कहता है कि 'जो तू बामन बामनी जाया, आन बाट से काहे न आया।

कबीर और संतों की वाणी सामाजिक सरोकारों और राष्ट्रीय चेतना में आज भी सहायक है और आज भी कबीर लुकाठा हाथ में लिए बाजार में खड़ा है परन्तु खरीदार की तरह नहीं, उपभोक्ता की तरह नहीं, वह बाजार से गुजरा है बाजार का तलबगार नहीं है।

संदर्भ सूची

1. भक्ति आंदोलन और सूरदास का काव्य – मैनेजर पाण्डेय, पृष्ठ 21।
2. बीजक, रामानारायण अग्रवाल, पृष्ठ
3. बीजक, वही, पृष्ठ 326।

21

शेखर : एक जीवनी – मेरी नज़र में

"शेखर : एक जीवनी," मैंने बहुत देर से पढ़ी। समीक्षाओं और समीक्षकों की टिप्पणियों के प्रकाश में इसे परखा भी परन्तु शेखर मुझे बेहद उलझा हुआ लगा जो सुलझने की कोशिश में, जिज्ञासाओं में, प्रश्नों में, प्रश्नाकुलकता में भ्रमित होता जाता है। वह बाबा मदनसिंह के प्रभाव में दृढ़ होना चाहता है जबकि वह एक बेहद कमजोर और असफल व्यक्ति है। माँ के प्रति विद्रोही किन्तु अन्य स्त्रियों के प्रति आसक्त। बड़ी बहन सरस्वती, शारदा, शांति और शशि। शशि जो शेखर की मौसेरी बहन है परन्तु बहन से बहुत आगे, सखी जिससे वह प्रेम करता है। विवाहिता शशि को उसका पति रामेश्वर चरित्रहीना कहकर; शारीरिक आघात पहुँचाकर घर से निकाल देता है। वह शेखर के घर में शरण पाती है। शेखर जो स्वयं ही भटक रहा है, अंततः न वह अपना ही कल्याण कर पाता है न ही शशि का।

शेखर : एक जीवनी का प्रथम भाग अधिक यथार्थ और सजीव इस अर्थ में है कि बाल मन या वयःसंधि की जिज्ञासाओं का उचित समाधान न किया जाना चेतना सम्पन्न बालक को विद्रोही बना देता है।

अज्ञेय की शशि जैनेन्द्र की मृणाल की तरह आत्म–पीड़न (शरतचन्द्रीय) में ही सार्थकता समझती है। मृणाल स्वयं टूट कर समाज को टूटने से बचाती है "मैं समाज को तोड़ना – फोड़ना नहीं

चाहती हूँ। समाज टूटा कि फिर हम किसके भीतर बनेंगे? या कि किसके भीतर बिगड़ेंगे? इसलिये मैं इतना ही कर सकती हूँ कि समाज से अलग होकर उसकी मंगलाकांक्षा में खुद ही टूटती रहूँ– "वह प्रमोद का सहारा ले सकती थी परन्तु वह ऐसा न कर उनके बीच रहती है जो समाज की दृष्टि से हाशिए पर हैं। शशि शेखर की शक्ति है, शेखर की वत्सल छांह शशि को आत्मपीड़न में देखकर शेखर कहता है "तुम निरी हिन्दू हो गई हो! पर तुम्हारा आत्म–हनन मुझे स्वीकार नहीं है –" (पृ. 223 भाग 2)

प्रेमचंद, जैनेन्द्र अज्ञेय, प्रसाद नारी के त्यागमय रूप को ही नारी का वास्तविक रूप मानते हैं "स्त्री हमेशा से अपने को मिटाती आई है। ज्ञान सब उसमें संचित है, जैसे धरती में चेतना संचित है। पर बीज अंकुरित होता है, धरती को फोड़कर; धरती अपने आप नहीं फूलती–फलती।" (पृ. 217 भाग 2)

शेखर क्या है! एक विद्रोही, एक क्रांतिकारी, एक प्रेमी, एक विचारक, एक प्रकृति प्रेमी या एक भटका हुआ इंसान या एक जिज्ञासु, इस सबके बावजूद उसकी सार्थकता किसमें है? विद्रोही हो कर वह समाज में, देश में, परिवार में, कोई सार्थक परिवर्तन नहीं करता है, हाँ! वह यह अवश्य कहता है कि "मुझे विश्वास है कि विद्रोही बनते नहीं, उत्पन्न होते हैं।" (पृ. 27 प्रथम भाग)

विद्रोही ह्रदय की एक विशेषता यह है कि वह अपने विकास में फैलते हुए नूतनतम विचारों को अपनाकर भी विद्रोही ही रह जाते हैं, क्योंकि वह अपने काल के अग्रणी लोगों से भी आगे ही रहता है। (पृ. 27 प्रथम भाग)

क्रांति के लिए शेखर प्रेम की सामर्थ्य के साथ घृणा की क्षमता भी आवश्यक समझता है। शेखर के व्यक्तित्व निर्माण में पिता की भूमिका अधिक महत्वपूर्ण है या माँ की या बहन सरस्वती की या शशि की।

शशि तो शेखर के जीवन में बहुत बाद में आती है परन्तु कथा में– 'सबसे पहले तुम शशि' क्योंकि "तुम वह सान रही हो, जिस पर मेरा जीवन बराबर चढ़ाया जाकर तेज होता रहा है – जिस पर मंज–मंज कर मैं कुछ बना हूँ, जो संसार के आगे खड़ा होने में लज्जित नहीं है – लज्जित होने का कोई कारण नहीं जानता।" (पृ. 16 प्रथम भाग)

शेखर का शशि से जहाँ रागात्मक सम्बन्ध है वहीं माँ से विरोधी– माँ का कहा एक वाक्य– "मैं तो इसका विश्वास नहीं करती।" बस यही वो क्षण है जब शेखर का अन्तर और बार्हि (मेरे विचार से) बदल जाता है। माँ का उसके प्रति अविश्वास ही उसमें विद्रोह के बीज बो देता है। अविश्वसनीय होना उसे इतना असह्य हो जाता है कि उसे अंग्रेजी की पंक्तियाँ याद आ जाती है – Better to be a dog, a pig, a rat, a stinking worm then to be a man whom no one trusts...... (अविश्वसनीय होने से कुत्ता, सुअर, चूहा, दुर्गान्धित कृमि–कीट होना अच्छा है......) और माँ के प्रति कह उठता है 'I hate her, I hate her.' ये नफरत ही उसके जीवन का सबसे बड़ा नकारात्मक पक्ष है। अन्दर फैली घृणा बाहर अपनापन तलाशती है, प्रेम और विश्वास तलाशती है, एक ऐसी शरणस्थली खोजती है जहाँ 'मौन भी अभिव्यंजना' बन जाए और ये सब मिलता है उसे शशि में, शशि से। माँ के अविश्वास ने उसे 'प्रशांत विद्रोही' (पृ. 181 प्रथम भाग) बनाया तो शशि के प्रति लगाव माँ के द्वारा किए गये तिरस्कार का परिणाम है। यही वह तंतु है जिससे शेखर का निर्माण हुआ है। शशि इसलिए है क्योंकि माँ की वत्सल छाया नहीं मिली तभी तो शशि 'सप्तपर्णी की छाँह है।' (पृ. 219 भाग 2)

शेखर विद्रोही तो है परन्तु अपने विद्रोह से क्या पाता है? और क्या देता है? शशि, शक्ति मेरे पास रही है पर मैंने उसे जाना नहीं; आजीवन मैं विद्रोही रहा हूँ, पर बराबर मैं अपनी शक्ति को व्यर्थ बिखेरता रहा हूँ.....एक दिन तुम्हारे मुख ने मुझे ......दिखाया – बताया

कि लड़ना स्वंय साध्य नहीं है, लड़ने के लिए लड़ना निष्परिणाम है कि विद्रोह किसी के विरूद्ध होना चाहिए.... ईश्वर, समाज, रोग, मृत्यु, माता–पिता, अपना–आप, प्यार, कुछ भी हो, जिसके विरूद्ध विद्रोह किया जा सके ..... तब मेरे विद्रोह को धारा मिली – वह विरूद्ध हुआ ...... मैं प्रतिद्वन्दी हुआ....." (पृ. 246 भाग 2)

शेखर की लड़ाई थी सामाजिक बुराइयों से ऊँच–नीच से, ब्राह्मण और शूद्रत्व से परन्तु अपने चारों ओर फैली सडांध से वह निराश हो जाता है – "किसी के विरूद्ध लड़ना पर्याप्त नहीं है, किसी के लिए लड़ना भी जरूरी ......" "किसी के लिए लड़ना ...... किन्तु किसके? जब सभी कुछ सड़ा है, तो क्या है जिसके लिए लड़ा जाए........." (पृ. 244 भाग 2)

शेखर जेल भी जाता है तो बिना अपराध के दस माह जेल में रह कर आता है। विद्रोही शेखर जेल में जीवन के सबसे गहन अनुभव पाता है जो पुस्तकों में नहीं, शास्त्रों में नही वह अनुभव में है। बाबा मदन सिंह के 'सूत्र' जीवन के कठोर अनुभवों और संघर्ष से निसृत हैं– "अभिमान से भी बड़ा दर्द होता है, पर दर्द से भी बड़ा एक विश्वास है......." (पृ. 96 भाग 2)

शेखर का बचपन, उसकी बाल–सुलभ जिज्ञासाओं का उचित समाधान न मिलना, हर बात के लिए ईश्वर का काम कहना, शेखर के जिज्ञासु मन को मुश्किल में डालता है और इसीलिए वो वे सब काम करता है जिन्हें अनुचित समझा जाता है, उसके मन में हर वर्जित के लिए आकर्षण पैदा हो जाता है। वर्जित को जानने की लालसा उसमें विद्रोही भाव पैदा करती है – "ज्ञान में न सुख है, न जुगुप्सा; लेकिन शेखर को एक जुगुप्सामय सुख और एक सुखमय जुगुप्सा का अनुभव हो रहा था।" (पृ. 192 प्रथम भाग)

मनोविज्ञान की कसौटी पर बाल मन की इन प्रति क्रियाओं को समझा जा सकता है।

शेखर का अनुभव संसार अपना है, अपना भोगा अपना जिया हुआ इसलिये निष्कर्ष भी उसके अपने हैं। वह क्रांति के लिए 'प्रखर किन्तु शीतल बौद्धिक घृणा' (पृ. 30 प्रथम भाग) से युगान्तर को देखता है तो यातना को भी उच्च कोटि का और बहुत पवित्र अस्त्र मानता है।

शेखर और प्रकाशान्तर से स्वयं अज्ञेय भी मानते हैं कि मानव जीवन तीन प्रेरणाओं से अनुशासित होता हैं– 'अहंता, भय और सेक्स.....' पृ. (49 प्रथम भाग) प्रेम ने मनुष्य को मनुष्य बनाया। भय ने उसे समाज का रूप दिया। अहंकार ने उसे राष्ट्र में संगठित कर दिया। (पृ. 52 प्रथम भाग)

अपनी 'सहज बुद्धि की प्रेरणा' से किए कार्यों को उचित मानने वाला शेखर यह भी मानता है कि स्कूल व्यक्ति को व्यक्ति नहीं रहने देते 'टाइप' बना देते हैं।

शेखर एक जीवन की भूमिका में लेखक की स्वीकारोक्ति है कि "शेखर कोई बड़ा आदमी नहीं है, वह अच्छा भी आदमी नहीं है। लेकिन वह मानवता के संचित अनुभव के प्रकाश में ईमानदारी से अपने को पहचानने की कोशिश कर रहा है। वह अच्छा संगी नहीं हो सकता है, लेकिन अंत तक उसके साथ चलकर आपके उसके प्रति भाव कठोर नहीं होंगे, ऐसा मुझे विश्वास है।" (भूमिका पृ. 12)

शेखर की जागरूकता, स्वतन्त्रता एवं ईमानदारी का निर्वहन लेखक ने अंत तक किया परंतु वह लेखक के हाथों की कठपुतली नहीं हैं

1941 प्रथम भाग, 1944 द्वितीय भाग, उपन्यास में समकालीन विषयों की सूचना मात्र है, द्वितीय विश्वयुद्ध, स्वाधीनता आंदोलन, विदेशी कपड़ों का बहिष्कार का विरोध, क्रांतिकारियों के क्रिया–कलाप, भगत सिंह की फाँसी परन्तु यह केवल युगीन चित्रण है। समस्या तो मन की है, मन की उलझन और मनोविश्लेषण की है। निष्कर्षतः बचपन ही संपूर्णतः व्यक्तित्व की नींव है।